用文字照亮每个人的精神夜空

领读文化传媒
LINGDU Culture & Media

微信 | 微博 | 豆瓣　领读文化

早稻田MBA系列

提高你的业务能力

就是这样的MBA进阶书

〔日〕早稻田大学商学院
〔日〕浅羽茂 〔日〕今村英明 等著
范丹 译

天津出版传媒集团

天津人民出版社

图书在版编目（CIP）数据

提高你的业务能力：就是这样的 MBA 进阶书 / 日本早稻田大学商学院等著；范丹译 . —天津：天津人民出版社，2023.9
（早稻田 MBA 系列）
ISBN 978-7-201-19579-7

Ⅰ.①提… Ⅱ.①日… ②范… Ⅲ.①工商行政管理 Ⅳ.① F203.9

中国国家版本馆 CIP 数据核字（2023）第 128136 号

MBA BUSINESS DESIGN SENRYAKUSEKKEI NO KIHON TO OUYOU
Written by Shigeru ASABA, Hideaki IMAMURA, Tatsuyuki NEGORO,
Hirokazu HASEGAWA, Nobuhiko HIBARA, Masao HIRANO.
Copyright © 2015 by Shigeru ASABA, Hideaki IMAMURA, Tatsuyuki NEGORO,
Hirokazu HASEGAWA, Nobuhiko HIBARA, Masao HIRANO.
All rights reserved.
Originally published in Japan by Nikkei Business Publications, Inc.
Simplified Chinese translation rights arranged with Nikkei Business Publications, Inc.through CREEK & RIVER Co., Ltd.

图字：02-2022-192 号

提高你的业务能力：就是这样的 MBA 进阶书
TIGAO NI DE YEWU NENGLI JIUSHI ZHEYANG DE MBA JINJIESHU

出　　版	天津人民出版社
出 版 人	刘　庆
地　　址	天津市和平区西康路 35 号康岳大厦
邮政编码	300051
邮购电话	（022）23332469
电子信箱	reader@tjrmcbs.com
责任编辑	李　荣
装帧设计	欧阳颖
印　　刷	北京金特印刷有限责任公司
经　　销	新华书店
开　　本	880 毫米 ×1230 毫米　1/32
印　　张	6
字　　数	156 千字
版次印次	2023 年 9 月第 1 版　2023 年 9 月第 1 次印刷
定　　价	45.00 元

版权所有　侵权必究
图书如出现印装质量问题，请致电联系调换（022-23332469）

序言

制定商业战略时有两种"智慧的用法"。其一是分析,其二是设计。

分析(analysis)是指回顾过去。

设计(design)是指描绘未来。

本书的主题就是设计,即设计商业。

商业设计意味着要解决没有正确答案的问题,在明知其不确定的基础上制定自己独有的战略,然后在"承担执行风险"的决策基础上制定战略图。这就是商业设计。

当然,分析在商业设计中也是不可或缺的。要描绘未来,就必须将自己所了解的、调查的和参考的东西做一个汇总,此外还要对人们所熟知的事物进行分析和解释,从而得出独创的灵感。总之,要通过聚焦过去来改变未来。

本书是将"商业设计的必修科目"集结成一册的实践性教科书。针对竞争战略、商业模式、市场营销、技术创新、M&A、全球化战略,以具体的事例为参考,用简明易懂的方式介绍什么是基本,以及应该如何去应用,还整理了设计新事业和重建旧事业所不可或缺的重点。

本书内容以早稻田大学商学院(WBS)和日本经济新闻社(日经

Biz-academy）共同举办的"MBA Essentials 2014 综合课程二"的讲义为基础，整理撰写而成。该课程的教员会对学员发问，让学员陈述意见，完全模仿了 MBA 的授课模式。本书将重现课程中比较具有争论性的部分议题。

MBA 是知道"自己该做什么"的人的训练场，也是磨炼自我决策能力的修行地，更是懂得思考"怎么做才能获胜"并能作为商业战士将思考结果用于实践的人的学校。

阅读本书的各位应当以"如果是自己会怎么做"的视角去看待书中内容，掌握实践知识，在实际商业中积累经验，将学术性知识用于实践，以成为"智慧使用者"为目标。

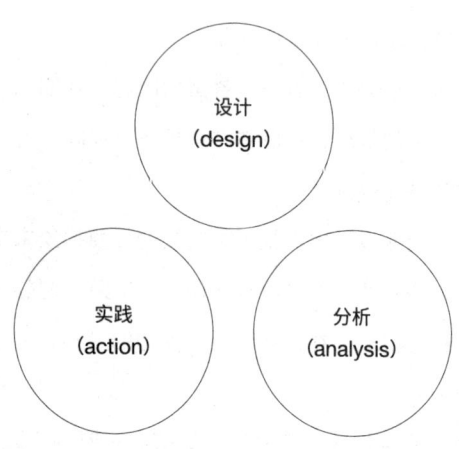

"Actionable Knowledge Unlocks Your Potential"
早稻田大学商学院（WBS）的学院口号

目录

第一章 竞争战略与商业模式事业的品牌设计
浅羽茂

1-1 商业模式＝竞争战略的具体化　003
决定设计元素与设计主题　004
设计商业模式时的三个问题　004
事例1 爱速客乐（ASKUL）　005
讨论的出发点　006
将这种"不便"变为"便利"！　008
以未被文具店关照的企业为目标　010
解决多阶段流通的功能重复　011
能外包的东西就外包　011
将成为对手的文具店变为代理商　012
能够接收顾客需求与投诉的机构　014
给制造商传达市价观念　015
担负市场的功能　016

1-2　价值基础战略　　　　　　　　　　　018

如何分享价值　　　　　　　　　　　018
一人独占价值将破坏商业模式　　　　021
基本的竞争战略　　　　　　　　　　021
搏二兔不得一兔　　　　　　　　　　023
事例2 麦当劳与摩斯汉堡　　　　　　024
市场营销的4P　　　　　　　　　　　027
事例3 我的意大利、我的法国　　　　029
以令人震惊的低价提供高级料理　　　029
这样能战胜对手吗？　　　　　　　　037
弄清各种要素　　　　　　　　　　　039
银座的空白地带　　　　　　　　　　040
"我的"的战略动因　　　　　　　　　041

1-3　总结　　　　　　　　　　　　　　044

第二章　B2B市场营销团体战的设计　　今村英明

2-1　B2B市场营销的基本　　　　　　049

市场营销是"三个创造"　　　　　　049
"配合需求"就太迟了　　　　　　　049
作为共通语言的市场营销思维是必需的　　050
B2B是今后的主战场　　　　　　　　052
团队性购买者的特征　　　　　　　　054
理解团队性购买者的决策　　　　　　055
根据顾客需求运作　　　　　　　　　056
要点1 制定目标　　　　　　　　　　057
制定目标的基准　　　　　　　　　　058

要点2 深度发掘顾客　　　　　　　　　　　　060
　　鸟之眼　　　　　　　　　　　　　　　　　　060
　　虫之眼　　　　　　　　　　　　　　　　　　062
　　要点3 基本战略　　　　　　　　　　　　　　064
　　稍有不同的战略　　　　　　　　　　　　　　065
　　要点4 全身心配合战略　　　　　　　　　　　067
　　配合战略，改变身心　　　　　　　　　　　　068
　　要点5 偏差　　　　　　　　　　　　　　　　069
　　掌握销售现场发生的问题　　　　　　　　　　069
　　市场营销逻辑欠缺症　　　　　　　　　　　　070
　　市场营销部门的职责　　　　　　　　　　　　071

2-2 销售改革项目的事例　　　　　　　　　　074
　　在困惑与反弹中开始项目　　　　　　　　　　074
　　领域图的制作与分析　　　　　　　　　　　　075
　　"空白"与"成长段"　　　　　　　　　　　　076
　　销售额方程式　　　　　　　　　　　　　　　078
　　为什么在成长分区无法取胜？　　　　　　　　079
　　未覆盖顾客样本调查　　　　　　　　　　　　081
　　"不增员不行"是真的吗？　　　　　　　　　　081
　　不同分区的收益性　　　　　　　　　　　　　083
　　DMU 分析　　　　　　　　　　　　　　　　　084
　　好孩子、坏孩子、普通孩子　　　　　　　　　086
　　好孩子做了什么特别的事？　　　　　　　　　088
　　幸福循环　　　　　　　　　　　　　　　　　089
　　攻略计划　　　　　　　　　　　　　　　　　091
　　重新审视人员配置　　　　　　　　　　　　　092
　　项目成果　　　　　　　　　　　　　　　　　095

市场营销的责任　　　　　　　　　　095
市场营销分析的结果　　　　　　　　096
实战上的要点　　　　　　　　　　　097
展现前所未见的图表　　　　　　　　098
接地气，但极具冲击力　　　　　　　099

第三章　企业家思维革新的设计　　长谷川博和

提高 What 的构筑能力　　　　　103
掌控风险　　　　　　　　　　　　　103
最初的创意一行即可　　　　　　　　106
改变价值观的革新事例　　　　　　　107
克里斯坦森的"五个技巧"　　　　　108
有助于激发创意的方法　　　　　　　110
结合大趋势　　　　　　　　　　　　111
不同行业标杆管理　　　　　　　　　112
对旧框架采取果断措施　　　　　　　113
摆脱时间框架　　　　　　　　　　　114
战略的解体　　　　　　　　　　　　114
不同业种标杆分析法　　　　　　　　114
企业家精神　　　　　　　　　　　　116

第四章　与革新的对抗代替品对策的设计　　根来龙之

4-1 让现有业界陷入矛盾的革新　　121
代替的速度　　　　　　　　　　　　122

"前有狼后有虎"的两难境地 124
代替的范围 125
代替的矩阵 127
控制是否可能? 129

4-2 报刊业界所直面的破坏性革新 131
日本最大的新闻网站是Yahoo!News 131
大型报刊公司的电子版状况 132
死守纸质报刊 133
日经新闻应该怎么做? 134
模块化 136
策展型的新闻App 137
不再闷头做纸质报刊 139
商品性质彻底改变 140

第五章 M&A 与金融所有权的设计 樋原伸彦

M&A 能带来什么好处? 145
企业的边境线能延伸到何处? 146
谁是最佳所有人? 147
有必要将它纳入其中吗? 148
M&A 的决策方程式 149
创造让收购溢价正当化的逻辑 150
金融机构不会寻找最佳所有人 151
制作需求企业名单了吗? 151
假如自己是经营者的话会买吗? 152
金融是必修科目的理由 153

第六章　全球化战略世界地图的设计　　平野正雄

6-1　全球化革命与日本企业　　157
　　全球化革命的实态　　157
　　三大要因　　159
　　发达国家俱乐部　　160
　　日本企业的影响力低下　　161
　　容易低估可怕的对手　　163
　　对经济发展的错误认知　　164
　　对商品制造优势过于自信　　165
　　隐性知识的界限　　165

6-2　全球化战略的基本　　167
　　世界已经一体化吗？　　167
　　CAGE 框架　　168
　　三个 A　　169
　　平衡　　171
　　卓越中心　　173
　　从 CAGE 到三个 A　　173
　　总公司的职责与回旋镖效应　　174
　　确保全球化人才　　175
　　全球化人才所需的资质与能力　　175

　　作者简介　　177

第一章

竞争战略与商业模式
事业的品牌设计

浅羽茂

1-1　商业模式＝竞争战略的具体化

本章将介绍创造新商业模式的企业事例（或事例相关的论述），思考在设计商业模式时应当注意的要点。

提起商业模式，也许多数人会想到被称作电商、电子商务的尖端网络商业，但本章要介绍的并非这类企业。的确，因特网普及后的20世纪90年代到21世纪初，在介绍利用网络从事的商业活动时经常使用"商业模式"这个词，同时期还出现了商业模式专利，但在那之后，以商业模式的创造与革新为主体的研究仍在继续。本章打算以商业模式的创造为主题来进行讨论。

商业模式这个词至今仍没有明确定义，但本章的主题并不是要详细讨论如何定义它，所以以下提到的商业模式都暂定义为"让竞争战略具体化的东西"。

商业模式的研究者中，有人认为商业模式与竞争战略不同，应该明确定义两者的差异点。

琼·马格丽塔（Joan Magretta）却提出了以下主张，她认为商业模式就是说明事业构成的东西，并不包括"竞争"这一要素，而竞争战略则只是"竞争"的精华，是说明应该如何战胜对手，明确两家企业差异的东西。但同时她又列举了倒三角形的商业模式，指出商业模式如果不可模仿，则意味着其本身已经形成了强有力的竞争优势。

决定设计元素与设计主题

另外，研究商业模式与产品市场战略的适应度的卓德（Zott）与阿密特（Amit）则认为商业模式是一种活动系统，是为了创造价值（Value Creation）并获得价值（Value Capturing）而设计的。

价值创造、价值获得是为了让人理解近年来的竞争战略而总结的核心概念，而优秀的商业模式也能成为竞争优势的源泉，创造巨大的价值，给自身企业带来巨大的收益。因此以创造竞争优势、创造价值、获得价值为目的而设计的商业模式，就可以视作竞争战略的具体化。

卓德与阿密特表示，要设计商业模式，必须决定设计要素与设计主题。所谓设计要素，就是指作为活动系统的商业模式的系统结构，包括内容、构造、管理（谁举办活动）。设计主题则是指作为活动系统的商业模式所带来的价值源泉，包括新奇性、锁定（占有顾客和合作企业）、补充性、效率性。

设计商业模式时的三个问题

在研究设计将竞争战略具体化的商业模式时，首先应该决定以下三个问题的答案。

首先必须考虑对谁提供什么东西，如何通过它创造与获得价值，也就是决定我们的商业目标、商品和服务的内容以及商品的吸引力等。

接着对先前的问题做出回答,也就是思考应该通过怎样的活动来创造和获得价值,即事业的结构。

设计商业模式时的三个问题

对谁提供什么东西,赋予怎样的价值?
实行时构筑怎样的内部业务流程?
实行时与外部人员(供应商、顾客)建立怎样的关系?

> **商业模式其实就是竞争战略的具体化**

接着思考让谁去执行第二个问题所决定的各种活动。这既包括自己公司的活动,也包括其他公司委托的活动。有效贯彻企业内部的业务流程是非常重要的,如何与供货商或客户等外部人员搞好关系也同样重要。

决定了最初"应该做什么"的问题之后,第二和第三个问题的答案往往不止一个,有各种不同的路线。不同的选择决定不同的商业模式。

决定自身独特的商业模式后,就需要对竞争做安排了。关于一开始的"应该做什么",也许有其他企业会和你的想法撞车。在备受关注的事业领域,大多数人的思维都很类似,其结果就是导致竞争激化。如果不能从竞争中取胜,就不可能获得价值,因此企业必须创造能够在竞争中获胜,从而获得价值的商业模式,这在稍后会详细说明。

事例1 爱速客乐(ASKUL)

作为商业模式创造的事例,首先要介绍的是 ASKUL。ASKUL 的事例在商业模式创造的思维方面能给人很多提示。

ASKUL 是函售办公事务用品的公司。1993年以名为 Plus 的文具制造商的分支企业作为起点，1997年成为独立的公司。

当初 ASKUL 将印有办公用品的目录分发到办公室，客户通过传真下单。目录中将办公用品分门别类，不仅有 Plus 的产品，还包括其他制造商的产品。当因特网普及之后，客户可以通过主页下单。ASKUL 这个名字含有"今天下单明日送达"的意思，但实际上如今上午下单当天就能送达了。

随着 ASKUL 的事业顺利成长，它于2000年正式上市，最近更是不仅涉足办公用品，还开始销售医疗、护理设施。从2012年起，ASKUL 设置了面向一般消费者的销售网站，由于在办公用品领域的销售达到了成长极限，于是开始了新的事业。

讨论的出发点

进入20世纪90年代后，普乐士（Plus）公司内的"BLUE SKY 委员会"对文具界的未来进行了讨论，ASKUL 诞生的契机就源于这次讨论。

文具业界已经有国誉这个巨人存在，几乎压倒性地垄断了已有文具店渠道，Plus 即使开发出新产品也很难推广到店铺销售，因此陷入了困境。加之进入20世纪90年代，家居中心和便利店等场所开始销售文具，美国办公用品零售商家得宝也进入了日本，文具流通今后该如何发展，是业界人士面临的一大难题。

BLUE SKY 委员会在讨论自身企业固有问题之前，先提出了一个全体业界都在感到困扰的问题，即"21世纪的文具流通该如何发展"，并围绕它进行了激烈讨论。这个问题本身就非一般，而委员会又进一步加深议题，具体提出了"那么我们 Plus 应该以什么样的客户为目标"。不仅经营者和干部参与了讨论，还让企业外部的人也加入委员会，对各种议题进行了研究，通过这些讨论所得出的答案就是开辟名为 ASKUL 的新事业。

ASKUL 的事业发展

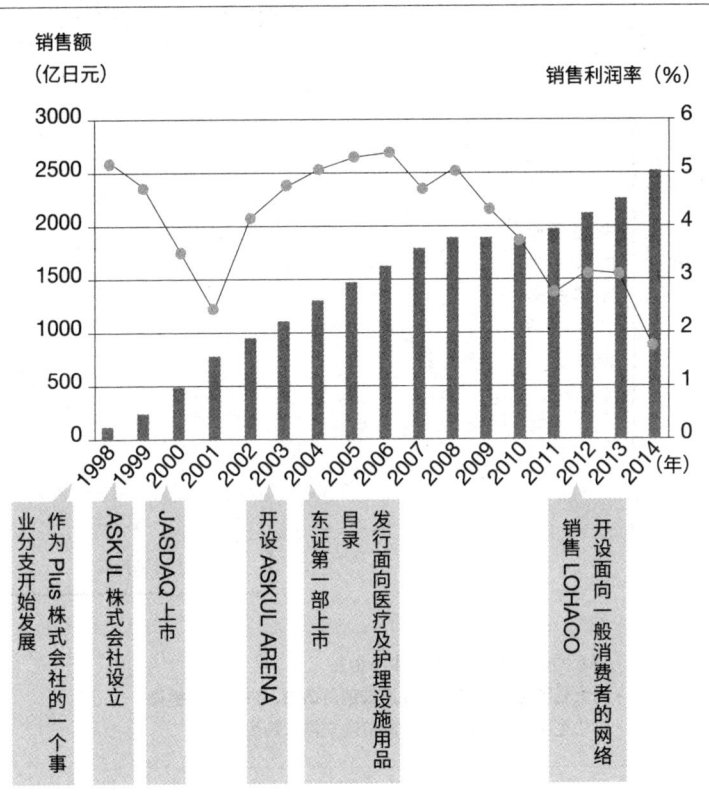

出处：ASKUL 的有价证券报告书，根据官网制作

第一章　竞争战略与商业模式事业的品牌设计　　007

将这种"不便"变为"便利"！

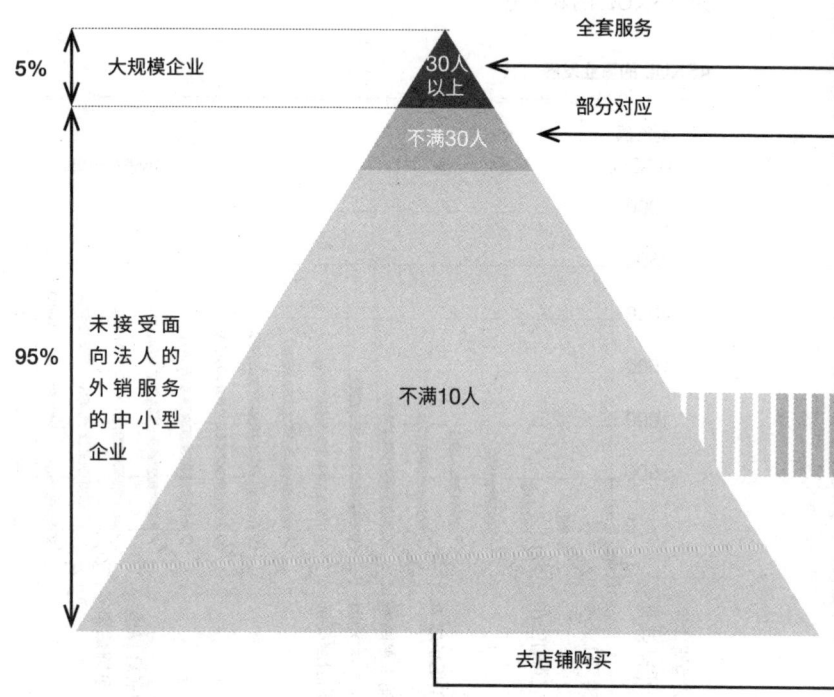

- 日本的企业有95%都是中小企业
- 对大规模企业，文具店会派推销员造访，进行打折销售
- 中小型企业则只能自己按原价向文具店购买

出处：ASKUL 官网 www.askul.co.jp/kaisya/business/model.html

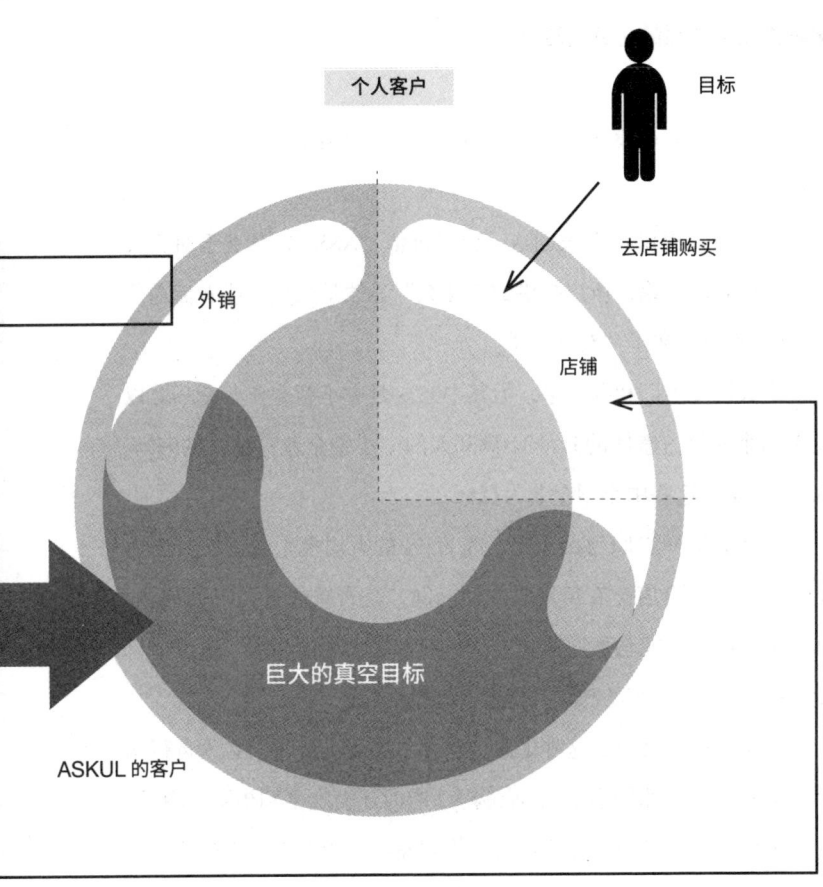

以未被文具店关照的企业为目标

那么沿着"商业模式的三个问题"来看看ASKUL的商业模式诞生过程。

首先是对谁提供什么来创造、获得价值。ASKUL诞生于对文具业界未来前景的讨论，所以提供的"什么"显然是文具（或者流通服务）。那么重点就在于"对谁"了。

日本有许多工厂和办公室，但其中95%是中小型企业。有30名以上员工的企业只占整体的5%，不满30人的中小型企业占整体的95%。ASKUL决定以这些中小型企业为目标。

为什么会选择它们为目标呢？因为5%的大规模企业由文具店占据垄断地位，文具店会有负责人主动询问"是否缺什么"，只要企业电话下单，商品就能马上送达。由于一般都是大规模购买，所以会有数量折扣，企业方能以较低的价格购入商品。

但中小型企业就没有这种优惠。当办公用品不足时，必须自行购买，比如午饭过后到附近的文具店购买，有时还会找不到想买的商品。这时只能向店铺下订单，等待数日，等到商品进货后再去店铺才能买到。当然，也没有任何折扣。这对于中小型企业的人而言是非常不便的。

给这类中小型企业提供便利就是ASKUL的基本主旨。换言之，给"95%的中小型企业"提供"方便而廉价"的"办公用品"就是针对第一个问题的答案。

解决多阶段流通的功能重复

那么ASKUL要如何实现这一主旨呢？这就要看三个问题中的第二个问题，即"实行时构筑怎样的业务流程"。

ASKUL的想法是构筑与以往的文具流通截然不同的流程。以前的文具是按照制造商、一次批发、二次批发、零售店这一流通路径到达消费者手中，这也是日本典型的多阶段流通构造。在各个阶段互相连接的流通业者对商品进货，进行仓库管理，最后销售。由于各种功能重复导致效率低下，加上各阶段的手续费叠加导致价格提高，这种多阶段的流通构造显然存在问题。

于是ASKUL打算提高流通过程的效率。从制造商处进货后最终将文具销售给顾客的这一流程中，有各种各样的功能，如何将其彻底分解，成为最高效的结构就是问题所在。

最后得出的结论是，向客户提供目录，建造物流中心储存商品，接到订单翌日就将商品送到客户手中。这就是ASKUL商业模式构造的流程。

能外包的东西就外包

这里最重要的是，要构筑的办公用品销售商业模式不仅包括ASKUL自己，还要利用外部人员。这就是三个问题中的第三个，即使自身的商业模式具备必要的功能，也没有必要全部自己完成，可考虑外包给其他企业。原本ASKUL的主旨出发点就是构筑更为有效的文具流通网，因此只要思考谁是该功能最好的发挥者即可。

我们自己做更有效的话就自己做，否则就交给外包负责，与各种公司合作，让它们分别承担不同的功能。ASKUL 称自己经手的范围为"小 ASKUL"，包括其他公司在内的整体商业模式为"大 ASKUL"。

将成为对手的文具店变为代理商

进入大 ASKUL 的外部企业首先是制造商，因为商品进货来自不同的制造商，接着将商品配送交由物流业者，另外再和系统开发等公司达成合作。

还要和以往同 Plus 合作愉快的文具店合作，由于 Plus 原本是文具制造商，所以让文具店销售本公司产品。因为如果 Plus 通过 ASKUL 销售文具的话，ASKUL 就与文具店成了对手，会惹其不快。

因此 ASKUL 将文具店称作"代理商"，让其负责客户开发和货款回收等工作，表明"即使通过 ASKUL 销售文具会导致到贵店购买文具的人减少，但通过与 ASKUL 合作，ASKUL 的发展也能带动贵店的发展"，从而达成合作意向。

ASKUL 的模式

● 以为的文具流通

● ASKUL

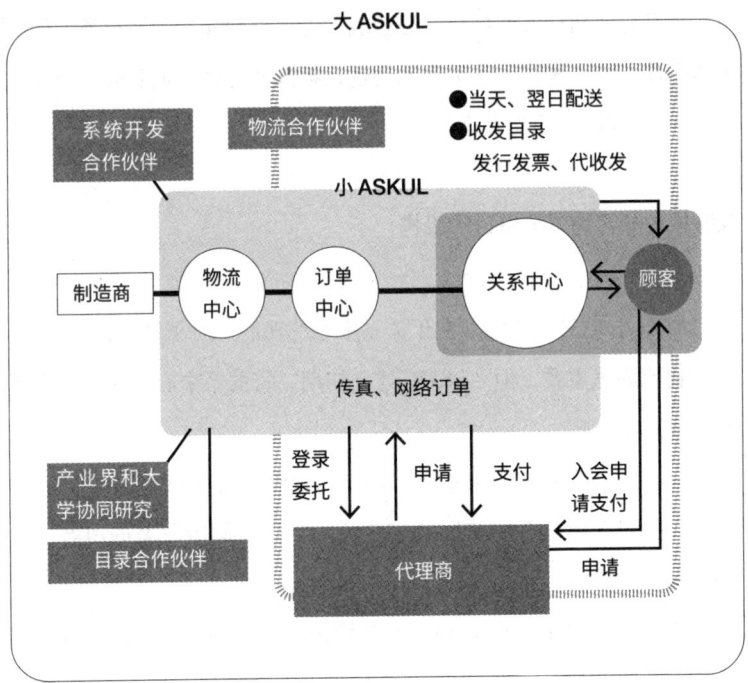

出处：浅羽新田（2004），引用修正自 P124

ASKUL 在与文具流通相关的各种关系者密切合作的过程中构筑了"大 ASKUL"。

为了让所设计的商业模式良好运行，ASKUL 还开发了各种功能。比如早期积极投资 IT，便于因特网销售网站的使用。根据顾客的购买历史能轻松地对同样的商品重复下单，或者制作其他便于顾客购买的流程。这在现在看来是稀松平常的事，但 ASKUL 在早期就已经努力追求网站使用的便利性了。

ASKUL 对物流的投资也十分积极。由于网络销售不需要实体店铺，所以只要拥有大型物流中心就能接近无限地囊括商品种类。但要做到库存不缺，顾客一下单就能送达，物流就是极为重要的，而在这一点上，ASKUL 相当先进。

能够接收顾客需求与投诉的机构

ASKUL 的另一个强项在于关系中心的功能。对于销售公司来说，IT 和物流固然重要，但 ASKUL 建立初期，将关系中心的功能放在了极为重要的位置。

关系中心能应对顾客的不满和需求。网络销售网站偶尔会有"回答此问卷调查有机会中奖"的宣传活动，以此倾听顾客的声音，但 ASKUL 此类活动尤其频繁。

另外，ASKUL 从创业初始就利用传真接收顾客订单，所以一直在传真单（订货单）上设置了"填写您的任意需求"这一栏，收集顾客最真实的想法。

ASKUL 的填写率之高也令人惊讶，大多数人都会写下详细的需求。"没有这个东西就很麻烦""希望把这个商品加入目录"等需求和投诉都会在表单中出现。

填表率高意味着顾客也对 ASKUL 抱有期待吧。因为已经养成了"只要填写需求，ASKUL 就一定会为自己寻找"的信赖感。

收集来的顾客需求（信息）会通过 ASKUL 传达给制造商。ASKUL 为了回应顾客期待，会询问各种制造商"有没有这种东西"，并调配货品，将其加入目录中。如果找不到的话，则会要求"这个东西有需求，请开发试试"，请求开发商开发或者共同开发，最后加入目录。ASKUL 就是这样应对顾客需求，逐步充实商品种类。

给制造商传达市价观念

ASKUL 在回应顾客需求的同时，还会以自身所了解的信息为基础，对制造商提出各种方案。

比如在决定目录中的商品价格时，各制造商都不知道自己的商品在页面中所处的位置。目录中排列着各种制造商的商品，但各制造商所期望的销售价格与竞品的价格相比孰高孰低，在目录出来之前都是未知的。那么要提高销售额，或该降价多少也就不得而知了。

这时，ASKUL 会在与制造商的交流中传达市价观念。比如告知对方"贵公司的产品很受欢迎，您看这个价格如何"，或者"对手制造商的商品价格更便宜，如果您想提高销量，不降价是不行的"等信息。

担负市场的功能

总之，ASKUL所做的就是在与顾客的关系中积极了解顾客未满足的需求，而后告知制造商，对制造商传达"市场"信息，调整价格。因此信息是通过ASKUL来流通的。换句话说，ASKUL这个公司承担了"市场"的功能。

ASKUL能够承担文具的"市场"功能意味着它得到了顾客与制造商的信赖。

顾客和制造商积极地提供信息又让ASKUL作为"市场"的功能进一步完善，市场结构日益成长。我认为ASKUL最大的强项就是形成了与企业外部人员的信赖关系。

经由 ASKUL 的信息流

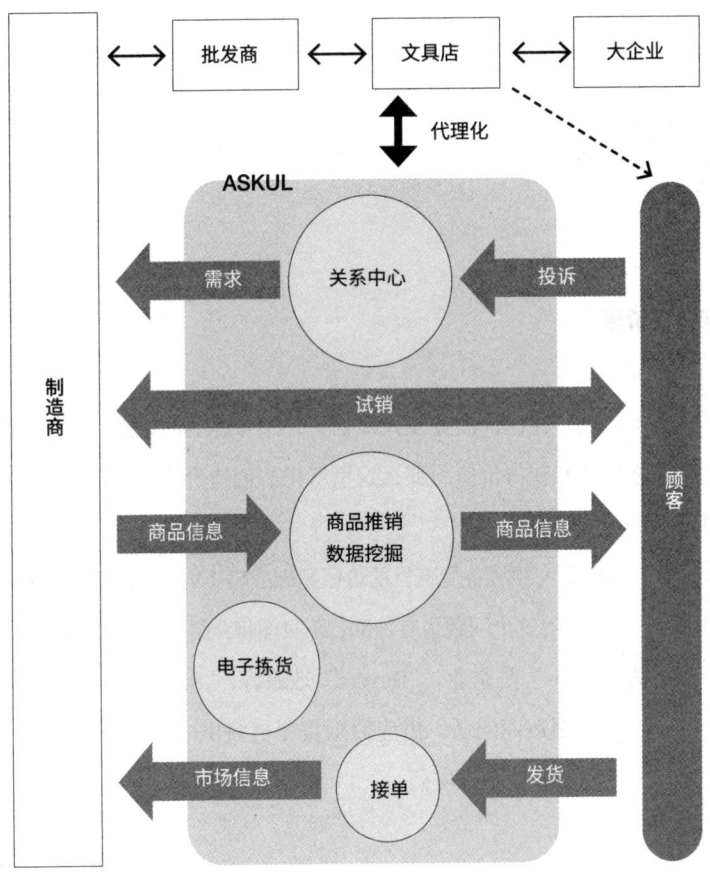

出处：浅羽新田（2004），引用修正自 P131

1-2　价值基础战略

如何分享价值

如前文所述，在设计商业模式最初，必须考虑的问题就是：对谁提供什么来创造和获得价值。那么这里所说的创造价值和获得价值究竟是怎么决定的呢？

最近在战略研究领域备受瞩目的价值基础战略（Value-based Strategy）的思维方式对于回答这个问题很有帮助，下页图将介绍这种思维方式。

图中的"Firms"是企业，"Buyers"是顾客，"Suppliers"是供应商。如果企业是制造商的话，供应商则是原材料供应者。ASKUL 是企业时，文具制造商就是供应商。

价值基础战略（Value-based Strategy，Brandenburger & Stuart,1996）

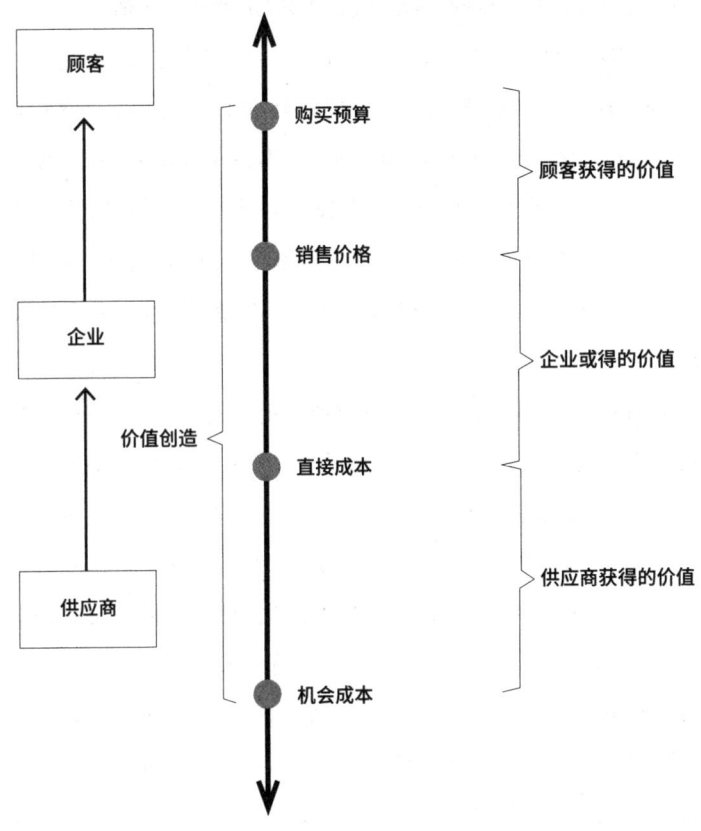

- 各方该如何获得价值 = 事业战略的中心问题
- 根据三方（供应商、企业、顾客）的特点来定义创造的价值

这三方在进行交易时所产生的价值由三方分享。Firm's Share 这一部分是 ASKUL 应得的部分，成为 ASKUL 获得的价值。

三方应得的部分和各自获得的价值按以下思维方式来决定。

Buyers——也就是顾客具有"只要能买到这个东西，花多少钱也愿意"的支付欲望，也有购买预期金额（Willingness-to-pay）。实际购买时所支付的金额为销售价格（Price）。顾客通过参加该交易，以比自己愿意支付的金额更为便宜的价格获得商品，也就是使其觉得"划算"，因此预期金额与价格之间的差额就是顾客获得的价值（Buyer's Share）。

Firms——也就是针对企业的价值就更为简单了。如果是制造商的话，那么进货原材料进行加工后销售。如果是 ASKUL 这样的流通业的话，就从制造商处做商品进货再销售给顾客。这时的进货价格（Cost）与销售价格的差额就是企业获得的价值（Firm's Share）。

Suppliers——也就是供应商所获得的价值（Supplier's Share）则是取决于将原材料销售给制造商时的成本（Cost）与机会成本（Opportunity Cost）之间的差额。所谓机会成本，是指"卖给其他对象时应得的金额"。由于将原材料卖给这个制造商时就失去了卖给其他制造商的机会，所以失去的机会成本应得的销售额也应作为费用来考虑。

这样考虑的话，从顾客的购买预期金额到供应商的机会成本，三方都在整体过程的交易中创造了价值，而所创造的价值由参与交易的三方分享，各自所分得的就是其所获得的价值。

一人独占价值将破坏商业模式

这里的重点是任何一人独占价值都不能维持交易关系。比如企业为了最大化利益而提高销售价格的话，顾客的价值就会减少，因此可能导致顾客不参与交易（不购买）。或者当企业购买原材料时降低进货价格，也许当时能获得的价值会增加，但供货商可能会跑路，毕竟"不卖给你也可以卖给其他公司"。

这样一来，贸易关系就崩溃了，将直接导致价值本身都无法创造，企业无法获得价值。即使短期内能增加自己的所得利益，也会导致长期难以产生价值。如果彼此不努力构筑让交易对象都获得价值的良好合作关系，那么是不能维持交易关系的。

总之在设计商业模式时，第三个问题，也就是实行时与外部人员建立怎样的关系是极为重要的。构建包括交易对象在内的系统，通过维持彼此的关系才能创造价值。反过来说，如果没有与外部人员协作创造价值的系统，那么就称不上是好的商业模式。之前介绍的ASKUL商业模式就是与外部人员构筑了良好关系的例子。

基本的竞争战略

不过即使决定了向谁提供什么，要创造和获得怎样的价值依旧是多样化的。具体考虑的价值多种多样，但在将商业模式具体化的竞争战略领域，为顾客提供的价值大致分为两种类型。一是低价格，二是功能或品牌等某种意义上的高品质。这是波特（Michael E. Porter）提出的竞争战略的基本战略中，分别对应低成本战略与差异化战略的思维。

低成本战略，是指利用成本竞争力在与其他公司的竞争中获胜的战略，采用这种战略的企业会致力于通过价格竞争来扩大市场份额。而差异化战略，则是提高通过价格之外的顾客口碑在竞争中制胜的战略。采用这种战略的企业通常在面对价格竞争时不为所动，而是让顾客认为本公司产品"很好"，从而心甘情愿地支付溢价。

以之前介绍的价值基础战略的结构来考虑的话，低成本战略是通过降低进货成本，或让企业活动有效化来降低成本，以此降低价格，（在不降低顾客购买预期金额的基础上）增大顾客获得的价值。如果能以此扩大市场份额，从而增加销售额，或者降低的成本大于降低的价格的话，企业所获得的价值就能够增加。如果供应商的机会成本能降低到大于进货价格，那么供应商所获得的价值也会增加。

而差异化战略则是通过提供高品质产品，来抬高顾客的购买预期金额。随着价格的提高，自己能获得的价值也能增加。如果顾客的购买预期金额上升到大于提高的价格，那么顾客所获得的价值也会增加。如果进货价格上升，那么供应商所获得的价值也增加。

波特所提出的基本战略还包括集中战略。所谓集中战略，就是区分目标，不以市场整体为目标，而是集中于市场特定的部分。由于竞争手段（价值创造手段）与其他战略没有不同，所以这里不再做进一步说明。

竞争战略的基本战略（Generic Strategy）

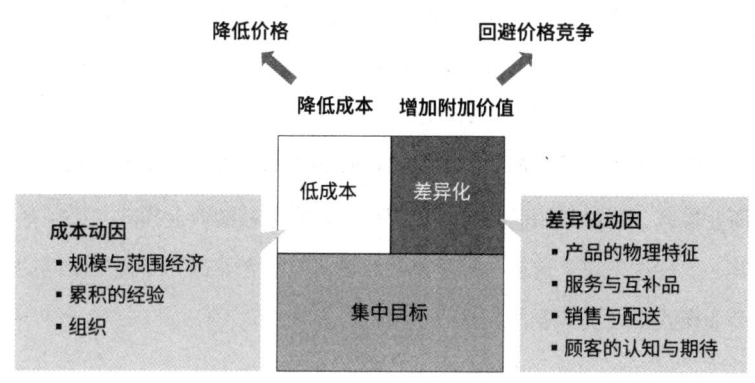

搏二兔不得一兔

这里要注意的重点是波特指出的"Stuck in the Middle"这一问题。所谓"Stuck in the Middle"，在日本谚语中就是"搏二兔不得一兔"的意思。换言之，无论是低成本还是差异化，只要决定了一方战略就必须贯彻到底，否则不可能在竞争中取胜，想要同时追求两者是难以达成的。

Stuck in the Middle（搏二兔不得一兔）

- 低成本战略、差异化战略要获得成功，所需要的能力、资源和文化是不同的。
- 适合一方战略执行的最佳能力、资源和文化反而会妨碍另一方战略的执行。
- 企业能投入的资源是有限的。
- 追求同时推行两种战略只会分散投入的资源，导致事倍功半，难以顺利进展。

之所以难以兼顾两者，是因为执行战略时所需的能力和资源都是截然不同的，一个企业很难同时执行两种战略。此外，在与其他企业竞争时如果想要同时追求两种战略，还会导致资源分散，事倍功半，最终在竞争中落败。波特认为只有选择一方贯彻到底才更容易在竞争中获胜。

因此在考虑商业模式时，是采用降低成本，以低价格追求高效的商业模式，还是采用满足顾客，提供高品质商品的商业模式，必须择其一。反过来说，选择一种基本战略就意味着企业选择了截然不同的商业模式来发展事业。

事例2 麦当劳与摩斯汉堡

即使是属于同一业界的企业，也会因为追求不同的竞争战略而选择完全不同的商业模式，本节就以麦当劳和摩斯汉堡这两个连锁店为例来做比较。

麦当劳针对的是中小学生、高中生、带小孩的家庭等比较注意日常开支的客人，以能令他们满意的价格提供商品，也就是采用低成本战略。

摩斯汉堡所针对的顾客群是大学生或成人，也就是购买力较高的客人，为其开发能满足他们需求的菜单，以高价销售。所采用的是差异化战略。

麦当劳通过大量销售实现低成本。以低价大量出售，以规模经济降低成本，从而确保收益，再进一步降低价格。麦当劳就是以这种方式实现成长发展的。

销售数量增加，就能降低可变成本和固定成本。可变成本中，由于面包和肉的大量进货，在价格谈判中就极具优势，能够以便宜的价格购买原材料。

销售数量的增加对于固定成本产生的效果更为显著。由于固定成本是定额的，与数量无关，因此当销售数量增加时，每一个单的固定成本就会直线下降。采用低成本战略的企业虽然对设备和店铺投入了固定成本，但随着顾客的增多，通过大量制作和大量销售就能显著降低平均固定成本。

降价→规模经济→确保利润→降价……（麦当劳的战略）

可变成本

原材料成本

由于是世界性连锁店，所以能够在全世界有效快速地购买原材料，实现"定价协议"，即与供应商一起进行成本分析作业，看是否还有削减原价的余地，贯彻追求降低成本。

- 公司员工费
- 店铺租赁费
- 广告宣传费
- 促销费
- 打工人员费

固定成本

在优势地段建造大型店铺，积极进行广告宣传和促销等大额固定成本。

降价后销量变为以前的4倍时……（汉堡包的成本与利润）

价格 =130日元
利润 =10日元

利润
可变成本 40日元
固定成本 80日元

固定成本的分散 →

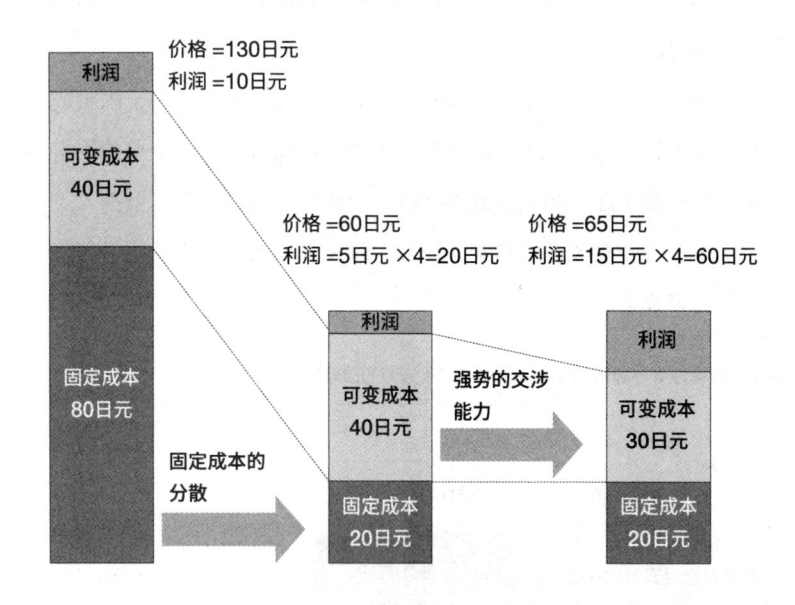

价格 =60日元
利润 =5日元 ×4=20日元

利润
可变成本 40日元
固定成本 20日元

强势的交涉能力 →

价格 =65日元
利润 =15日元 ×4=60日元

利润
可变成本 30日元
固定成本 20日元

　　麦当劳的固定成本中最简明易懂的就是开店成本。要汇集大量客源，就必须在优势地段开店，比如人流较多的车站前或适合坐在车里购物的主线道路等。当然租金也会比较高，但只要有大量顾客涌入，实现大量销售，不仅能返还固定成本还能得到回报。

　　要实现大量客源还必须积极地做广告，频繁进行宣传活动。这虽然会增加广告费和促销费，但随着客流量增大，大量销售也会急剧降低平均固定成本，实现良性循环。

　　反过来说，如果没能实现大量销售，也就意味着将难以负担固定成本。实际上麦当劳2014年遭受鸡肉事件的打击时客流量大幅减少，一度陷入赤字危机，后来又因为被曝食物中混入异物而遭受了巨大冲击。因为食品失去了消费者的信赖，即使以低价战略也难以恢复正常。凭借降价来实现大量销售的商业模式无法再发挥其实力。不仅商业模式失去应有的功能，无法实现大量销售还会加重固定成本的负担，难以产生利润。大多数销售低价食物的连锁店都是这种企业结构。

但摩斯汉堡的店铺大多位于住宅区，在商业地段中属于二等或三等地区。它基本不打广告也不做促销活动，因此也不可能实现规模经济或分担固定成本。

但这也是有好处的。摩斯汉堡所采用的不是低成本战略，而是差异化战略。它不做大量生产和销售，而是以特殊的菜单和手工制作的食感来吸引喜欢这类商品的顾客。

市场营销的4P

在介绍麦当劳和摩斯汉堡的特点时，可以发现它们使用了"市场营销的4P"。

市场营销的4P就是指产品（Product）、价格（Price）、地点（Place）、促销（Promotion）这四点，也是在考虑如何销售商品时应当检讨的要素。它被认为是商业模式的构成要素。

采用了不同竞争战略的两大连锁店也选择了对照性的4P。因此在选择了竞争战略之后，设计由相对的构成要素组成的系统化商业模式就是重中之重了。

市场营销的4P

- **Product** 品质、功能 风格、品牌
- **Price** 定价、降价 支付条件
- **Place** 选址、配送
- **Promotion** 广告、促销

研究与这四项各自相关的结构和活动会发现，它们之间都有密切的关系。麦当劳在人流量较大的地方开设大型店铺，大量投放电视广告，以对价格敏感的中小学生、高中生以及带着幼儿的家庭等为目标进行促销活动。配合店铺的选址、大小、广告和促销来实行低价政策，因此能实现大量销售。实行大量销售之后就能大量进货食材，从而实现廉价进货。此外，虽然对店铺的投资、广告费、促销费等固定成本很高，但通过大量销售能降低平均固定成本，从而降低总成本，实现降价。麦当劳各种活动的结构核心都是为了降低成本。

麦当劳就这样，结合各种因素，最终实现了低成本、低价格。通过结合与低成本战略相关的要因，一步步提高销售额，以此得到出众的成本竞争力。并且各活动互为补充，降低成本的活动形成了良性循环。作为商业模式要素的各种活动也强化了彼此降低成本的能力。

活动彼此强化的良性循环开始之后，对手就很难望其项背了，因

为结构良好的活动系统是其他企业很难复制的。这也是虽然采用低成本战略的汉堡连锁店不少，但都没有麦当劳这种成本竞争力的原因。

事例3 我的意大利、我的法国

接下来以前一节内容为基础，研究最近备受瞩目的商业模式。这里要介绍的是"我的意大利、我的法国（以下简称'我的'）"。首先给大家准备了一个"我的"的简单案例供各位阅读。

以令人震惊的低价提供高级料理

寒风凛冽的新桥，仅有约53平方米的小型意大利餐厅"我的意大利新桥本店"门前，明明是工作日下午四点，却已经排起了20人左右的长龙。大家所期待的正是"龙虾咖喱鱼子酱"（980日元）等使用高级食材的限量菜单。此外还供应只比市价高999日元的特惠红酒。

要问街头巷尾热议的餐厅，许多人都会提名"我的意大利""我的法国"等以"我的"为店名的一系列店铺。

"我的"自2011年9月在新桥开1号店以来，短短两年间就已经开设了5种类型的共计22家店，可谓是发展神速。这家店的领头人是BOOK OFF 公司的创业者坂本孝。以往的意大利餐厅都常用意大利语做店名，但是坂本认为这只是看上去帅气，实际毫无意义，于是提出"就用简明易懂的名字"，从而产生了这略带幽默感的店名。

"我的"深受欢迎的原因是以极度低廉的价格提供高级料理。曾在米其林指南中的星级餐厅工作过的一流厨师，使用松露或鹅肝酱等高级食材做出来的料理仅售500到1500日元，顾客平均单价3000日元。

如今该餐厅的开店区域已经扩大，但最初都集中在银座八丁目。

银座是新旧交替极其激烈的地方，常言道"制霸银座等于制霸日本"。"我的"在银座支配性地连续开店并努力让本公司的店铺良性循环。与对手店铺之间的竞争自不用说，"我的"公司内部的不同店铺之间竞争也十分激烈，这也让各店的魅力日益提高。

店铺都是面积仅有50—100平方米的小规模店，容纳40人左右，主要是站立式用餐。一般餐饮店食物的成本率为25%—30%，但"我的意大利"各店的平均食物成本率超过了40%，"我的法国"甚至超过了60%。仅夜间营业客人周转率就高达3次以上，有的店甚至达到了4—5次周转。销售额增加带来的规模经济让食品进价降低，比如生火腿即使在小店面也能一天用完一根，这样一来自然有供应商愿意降价出售。

"我的"在招揽有名的厨师、花大成本购买优质原材料的同时，却彻底削减广告宣传费，只在店铺外面挂出主厨的巨大照片，以此招揽顾客。

坂本表示："我会和厨师交流，将他们的不满也加入经营计划表中，从而形成'我的'商业模式。"最近，企业的接待餐剧减，高价餐厅的经营面临寒冬。因此要有盈利就只能控制食材的进价，停止开分店。但从厨师的角度来看，这意味着不能用自己想用的食材做菜，不开新店也意味着只能在老店当二号人物，难有上升空间。所以坂本对他们承诺："会继续开店""尽管使用高级食材"。换言之，"我的"是一家能够让厨师一展身手、满足其需求的店。

现在"我的"系列不仅有意大利、法国系列，还增开了和式餐厅、烤鸡肉串、烤肉、荞麦面、中华料理等多种业态的店铺。选址也不再仅限于银座，在东京都内的新宿、神谷町、神乐坂等多处都有开店，还进驻了大阪与博多,甚至已经准备之后到纽约发展。

此外,上市也已在筹备中,并且考虑让员工成为股东。加盟连锁也纳入了计划,到时会让作为员工的现任厨师对加盟店进行指导。

我的法国 EBISU 成本率高达54% 依旧是黑字

- 1天内客流达3次周转。每月交易总额中固定成本费占比低(租金5.19%)。
- 饮料成本率为29.5%,食物成本率为72.7%。

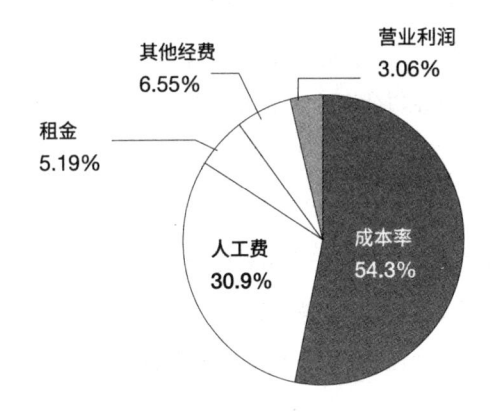

其他经费 6.55%
营业利润 3.06%
租金 5.19%
人工费 30.9%
成本率 54.3%

"我的"计算式

形式	座席数	周转数	客单价(日元)	销售额(万日元)	通常收益(万日元)	食物和饮料成本率	盈亏平衡点食物成本率
站位	50	1	3000	360	-1.88	45%	不满0%
	50	2	3000	720	-18	45%	50%
	50	3	3000	1080	1.17	45%	76%
	50	4	3000	1440	2.43	45%	88%
座位	22	0.75	8000	3.17	-2	18%	17%

- 周转数为3次时,食物和饮料的成本率即使高达45%也能产生利润
  盈亏平衡点的食物成本率为76%

以下是早稻田大学商学院与日本经济新闻社（日经 Biz-academy）共同举办的 MBA Essentials 中关于"我的意大利""我的法国"的相关案例讨论。

也许各位都知道，"我的"创建者坂本孝在连锁旧书店 BOOK OFF 公司的创业中也曾获得过巨大成功。坂本离开 BOOK OFF 之后参与经营过一段时间的烤鸡肉串店，以在餐饮业获得成功为目标积累战略经验，最终推出了"我的意大利""我的法国"的餐饮概念。这种商业模式的独特之处引起了业界内外的一致关注。

那么请根据之前介绍的商业模式与竞争战略的思维来回答以下问题。

1. 列举"我的"成功的特点和做法？
2. "我的"的基本战略是什么？
3. "我的"为什么没有陷入搏二兔不得一兔的困境？

首先来考虑第一个问题。"我的"为什么能良好运作，它究竟有什么特殊的做法和活动？

这里按市场营销的4P来整理"我的"的特点。

将其放入4P框架中后可知，"我的"的价格很便宜，它廉价出售只能在高级意大利餐厅或高级法国餐厅才能吃到的料理。红酒的价格也相当低廉，以"零售店价格+999日元"就能喝到。这就是其价格方面的一大特点。

在产品方面却又保持了高级感。"我的"所出售的商品就是店内提供的料理，而它供应的料理大量使用了高级食材。从作为餐饮店经营重要指标的成本率来看，普通店铺为25%—30%，"我的"却高达60%。

坂本曾对店内的大厨承诺"你可以尽情使用高级食材"。普通餐厅的经营者在考虑到利润的情况下，往往会要求"不要过多使用高级食材"或"在控制成本的基础上做出高级料理"，而主厨受制于成本率，往往难以推出自己理想的菜单。

但"我的"的厨师不受此限制。因此主厨的动力更大，更能提供美味的料理。"我的"网罗了曾在星级米其林餐厅工作过的或经验丰富的各种料理人，让他们转投"我的"动机就是能积极开发限定菜单或秘密菜单。也因此，顾客永远不会觉得腻味。

低价提供大量使用高级食材的料理之所以可行，其根本在于"站着吃"模式。因为是站着吃，所以店面不用大，客人也不能长久滞留，流动周转率高。普通餐厅在晚餐时间一般只有一次客流周转，但"我的"达到了3次甚至4次周转。

地点的选择也是一大特点。虽然店铺形态是站着吃的小规模店面，却开在东京都中心繁华街，尤其是最初都集中在银座。

至于促销，则基本没有花钱。所谓宣传不过是将主厨或大厅员工等的大幅照片挂在店前。只要店头排起了队，队列就能吸引其他路人。此外，只要能令顾客满意，他们对于该店的评价自然就会高，所以重点是注意口口相传的效果。

其次来看第二个问题。

将"我的"战略放入波特的基本战略框架中后，它究竟算是低成本战略还是差异化战略呢？

与其说"我的"追求的是哪一种战略，不如说它是混合了两种战略。整理这些特点后如图表，◇部分是低成本战略的特征，◆部分则是差异化战略的特征。

"我的"的特点、方式

◇ 低成本　◆ 差异化

Price
◇ 顾客单价3000日元（主菜为1000—1100日元，红酒为市场价格 +999日元）

Product
◇ 站着吃
◆ 使用高级食材（成本率40%—60%，普通店铺为25%—30%）

Promotion
◇ 不为宣传花钱（主要靠口碑）
◆ 店头贴主厨的大幅照片

Place
◇ 小规模店（50—100平方米，最多容纳40人），朴素的室内装潢
◆ 新桥、银座、惠比寿等激战区

其他
◇ 1天的顾客流动周转率为3—4次
◇ 规模经济，利用强势的交涉资本降低进价
◆ 独特的店名（不使用意义不明的意大利语，其独特性还能引起话题）
◆ 网罗曾在米其林餐厅工作的料理人

最后一个问题。"我的"为什么没有陷入搏二兔不得一兔的困境？

从这张图表可以看出"我的"的奇怪之处，它居然混合了低成本和差异化两种特点。这就令人担心它是否会如之前所说的那样陷入搏二兔不得一兔的困境。

但"我的"不仅没有陷入这种困境，反而一路高歌猛进。这该如何解释呢？想听听各位的意见。

参加者A：我认为"我的"所采用的是低成本战略。虽然它确实使用了高级食材，也在银座开店，但最终是以站着吃的模式提高客流周转率。换言之，就是追求投入资本的有效化。所以我不认为它符合搏二兔不得一兔，只是彻底地追求低成本。

参加者B：我认为它迟早会陷入搏二兔不得一兔的困境。其理由是"我的"虽然在不花促销费的前提下，使成本率高达40%—60%依旧能盈利，但这是顾客对店铺数量有过剩需求，也就是必须排队才能成立的。而随着店铺数量的增加，一旦顾客不再需要排队，就得花钱进行促销宣传了。到那时成本提高，最终还是会陷入搏二兔不得一兔的危机。

参加者C：我也和B意见相同。虽然现在不追求规模，不过当顺利发展到某个程度，想要扩大规模时，还是可能陷入搏二兔不得一兔的危机。

不过我与第一位的意见不同，我认为"我的"从一开始就将重点放在了"差异化"上。以往的意大利菜或法餐给人高级的印象，人们对它的固定观念是坐着悠闲地享用，但坂本认为站着吃是个有趣的点子。苹果员工在开发新产品时认为自己觉得有趣的东西别人也会觉得有趣，从而解放思维。坂本一定也是因为觉得"这很有趣"才利用差异化战略挑战新业态的吧。

参加者D：我认为"我的"不会陷入搏二兔不得一兔的困境。坂本在构建这个商业模式时就应该做了多方考虑，我认为他可能在寻找能适用于BOOK OFF所构建的旧书商业模式的业界。旧书的BOOK OFF已经成长为大型的连锁店，"我的"业态也应该能继续扩张，也许能像星巴克一样继续前进的势头。

参加者 E：我认为"我的"的目标客户并不是以往爱吃意大利菜和法餐的人。喜欢悠闲享用美食的客人并不会去这种店，"我的"的目标并不在此。它基本上采用的是"廉价提供美食"的战略。不过由于两种战略混杂，我也担心它是否有一天会陷入搏二兔不得一兔的危机。

至于为什么目前状况还不错，我认为是先行者的福利。虽然前面有人说它可能会是下一个星巴克，但星巴克的价格截然不同，所以我觉得它今后恐怕会面临困境。

参加者 F：我在听完"我的"案例后思考了一下过去有没有类似例子，然后想起了回转寿司。寿司以前本来是高级料理，价格昂贵，不是轻易吃得到的，但回转寿司连锁店出现并蓬勃发展起来了。我认为"我的"与它非常相似。

不过如果今后要扩大规模，就必须使其效率化，也许要模仿麦当劳的模式。我也不知道结果会如何，对于"我的"发展到现在的原因以及未来的变化是否真的与回转寿司相同，我也抱有一定疑问。

浅羽：的确，回转寿司的商业模式获得了巨大成功。"我的"现状感觉已经到达了顶峰，仔细调查的话会发现它既有优点也有缺陷。研究它与回转寿司究竟有什么不同也许能给"我的"今后的发展带来灵感。

参加者 G：用之前介绍的价值基础战略模式来思考的话，客人为"Buyer"，那么客人所得到的价值是什么呢？应该就是以低廉的价格享用意大利菜和法餐这种高级料理。虽然购买预期金额比普通的意大利菜和法餐低，不过能以便宜的价格吃到高级食材做出来的美味料理，还是有很多人愿意站着吃的吧。以这些人为目标，尽量满足他们的需求,让顾客都成为回头客,从而大排长龙。这种战略能成功运作的话,我认为不会导致搏二兔不得一兔。

参加者 H：我认为要创造出"低价吃高级美食"的价值搭配了各种业务活动,因此现在应该不会陷入搏二兔不得一兔的困境。比如为了提高客流周转率而采用站着吃的模式,或者省掉促销费,用以在一等地段开店,以及选用有名的厨师引人关注等,利用这些手段构筑了完整的系统,我觉得这是它成功的原因。

浅羽：你的意思是由于所追求的是"廉价提供高级料理",并为此构建了与之匹配的业务活动结构,所以不会导致搏二兔不得一兔对吧。

根据大家的意见来整理一下要点吧。首先多数人认同"我的"战略本身是成熟的,虽然对于它采用的是低成本还是差异化战略有所争议,但都觉得"我的"如果只追求其中一种战略,就不会陷入搏二兔不得一兔的困境。

至于它究竟采用的是哪种战略,从顾客和竞争对手的不同角度来考虑,答案也是不同的。如果针对想要高级食物的顾客,或者将高级法餐厅视作对手的话,从这个角度来看,"我的"所采用的就是低成本战略。但如果将平常习惯去居酒屋或站立式酒吧的顾客当作目标的话,"我的"所采用的则是差异化战略了。

这样能战胜对手吗？

采用这种战略的问题在于"能否战胜对手"。即使低成本战略能够战胜高级法餐厅,那和居酒屋竞争呢？即使利用差异化战略战胜居酒屋,那又能否战胜一般法餐厅呢？实际上"我的"是在同时与两方竞争。它夹在高级法餐厅与居酒屋之间。对于高级法餐厅而言是低成本战略，对于居酒屋而言则是差异化战略，处于正中间。搏二兔不得一兔的警示含义也就是"这可能导致哪一方都无法战胜"。

不过也有和以上看法截然不同的意见，即"我的"所采用的是"让顾客以低价吃到高级料理"的整合性战略。它既不是低成本也非差异化，而是新的"让顾客以低价吃到高级料理"的商业模式。

我们来思考一下这种看法。它的意思是该战略能获得成功意味着低成本与差异化混合的战略是可行的，并不一定要在两者中择其一，选择居中的战略也能成功。既不是"我的店的所有活动（或者说战略因素）都是为了低成本运作"这种纯粹的低成本战略，也不是"我们只贯彻差异化"这种纯粹的差异化战略，而是两者混合的战略，并且它在实践过程中也许并不会出现问题，或者说可能正因为混合才成为了最合适的战略。

"我的"是站着吃模式，没对室内装修投入多少资金，也不做广告，因此价格便宜，这也可以被视作低成本战略。但大量使用高级食材又非低成本，可以视作追求差异化战略。

那么让顾客来到餐饮店时觉得"这家店真不错"的最大要点是什么呢？当然是料理。所以"我的"将资金投入了这里。虽然它在其他部分都利用各种手段降低成本，但在料理这个最重要的关键点上却毫不吝啬地高级化，也就是差异化，而在做到差异化的同时又很便宜。它将不同的基本战略要素混合在一起，组合方式却极其巧妙，所以能让人觉得这不会失败。

弄清各种要素

有人之所以会陷入搏二兔不得一兔的困境,恐怕是因为对各因素概念模糊,没有在弄清低成本与差异化各自因素的基础上进行混合。"稍微便宜一点""稍微好吃一点""气氛稍微好一点""选址别太差"等。将这些要素组合到一起,只能说是不伦不类。换言之,就是没弄清各种要素盲目地混杂使用。

弄清各种要素

餐饮店的 KFS　A　B　C　D

纯粹的低成本战略

纯粹的差异化战略

陷入搏二兔不得一兔的战略

陷入搏二兔不得一兔的战略

不会陷入搏二兔不得一兔的战略　← 最重要的因素（料理）

"我的"对于各要素概念都是极其明确的，丝毫没有混淆，张弛有度。虽然它有意识地利用某个要素控制成本，但也在重视顾客的思维基础上对要素进行了高级化或差异化。这种组合方式我认为不会导致搏二兔不得一兔。

银座的空白地带

我们还可以从另一个角度来看"我的"不会导致搏二兔不得一兔的原因。

"我的"选择以银座为中心开店。银座虽然有很多高级店，也有居酒屋，竞争不可谓不激烈。高级店与高级店竞争，居酒屋与居酒屋竞争。

如此激烈的竞争会导致什么情况呢？高级店之间的差异化竞争变成提供"更高级的东西""更好吃的东西"的竞争，价格可能水涨船高。而居酒屋之间的竞争则重点在于"让顾客上门更没有负担"，于是价格日益下降。高级店与居酒屋闷头贯彻各自的战略，结果上下差距越拉越大，其结果就是导致中间出现了巨大空白。

也许有人觉得"我的"这是既与高级店竞争，又与居酒屋竞争，左右为难，但我认为实际上它是发现了没有竞争对手的空白地带。

深入空白地带？

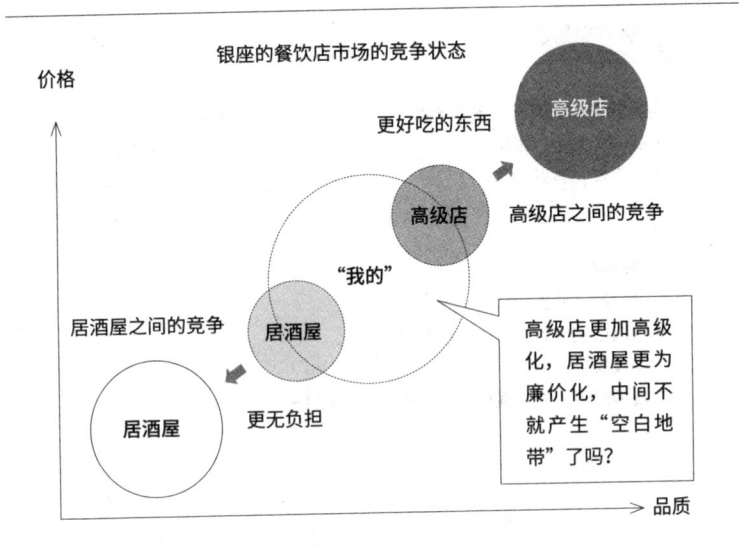

```
价格 ↑
        银座的餐饮店市场的竞争状态
                        更好吃的东西      高级店
                              高级店    高级店之间的竞争
                          "我的"
                                        ┌─────────────┐
居酒屋之间的竞争  居酒屋                  │高级店更加高级│
                                        │化，居酒屋更为│
        居酒屋      更无负担              │廉价化，中间不│
                                        │就产生"空白地│
                                        │带"了吗？    │
                                        └─────────────┘
                                                    → 品质
```

"我的"的战略动因

最后来总结一下"我的"的战略。

对于"我的"的基本战略究竟算是差异化战略还是低成本战略，不少人意见不一。实现了高级化的差异化动因，显然是使用了高级食材的产品（料理）物理性品质的提高。

而实行廉价的成本动因则是客流的高周转率。在银座这种一流地段开店，雇用有名的主厨，所以租金和人工费等固定成本可能会比较高，但高周转率分散了固定成本。而在可变成本方面，周转率高意味着要大量使用高级食材，从而提高了交涉资本，以此降低进货成本。固定成本的分散以及强有力的交涉资本所带来的成本降低都和麦当劳一样。

"我的"的战略动因

| 成本动因 | 差异化（高级化）动因 |

高周转率带来的固定成本分散
- 店铺、选址（银座）
- 人工费（有名厨师）
- （广告）

料理
- 使用高级食材

经费削减
- 站着吃（朴素的室内装修）
- 以口口相传为主的较少广告费
- 小规模店
- 规模经济、凭借强势的交涉资本来降低进价

"站着吃"这一模式也在成本动因中非常有效。由于是室内装潢简单的小型店铺，所以能抑制开店成本，而广告宣传主要靠口碑，也减少了广告费。

这就与开大规模店，靠大规模广告吸引顾客的麦当劳做法不同了。"我的"虽然是小规模店，但通过提高客流周转率能大幅提升销售额。此外，小规模店容易导致排队，排队又能发挥广告效应。

同时具有成本动因与差异化动因却不会陷入搏二兔不得一兔的困境，原因之一是恰到好处的组合方式。虽然包含了低成本和差异化两方面，但各自要素（动因）都没有模棱两可，反而张弛有度，某个要素追求成本，某个要素追求差异化。在对成本最有效的因素中强调成本动因，在对差异化、高级化最有效的因素中强调差异化动因，以这种形式实现要素组合。

还有一点就是当其他业态竞争导致产生了真空地带时，应该确保那里成为自己良好的生存环境。高级店与居酒屋之间的空白看似进退两难，实际上却有可能是没有竞争对手的舒适空间。

1-3 总结

设计新商业模式时，首先要考虑的是对谁提供什么来创造和获得价值，这时如果能发现"空白地带"的话，是否能提高商业模式的成功率呢？或者是否能让原有的商业模式获得成功呢？我认为 ASKUL 和"我的"的成功都考虑了这些方面。

因此，这对于究其根源性问题是有帮助的，这不仅能帮助解决我们自己公司所面临的问题，更能进一步思考全世界的业界整体会变成怎样，今后会如何发展。ASKUL 就是范例，不仅仅着眼于眼前，更从根源性问题开始，不受制于固有思想，挖掘本质需求和问题点。

在考虑各种商业模式的活动组合时有不同的做法。在决定追求低成本和差异化的其中一种后，所有活动都为实现它来进行调整，这样可以形成绝对领先的强项，让其他企业难以模仿。

不过各种活动的统一性固然重要，但也有像"我的"这种例子，即使是不同战略动因（活动或因素）混合的商业模式也能成立。

设计商业模式

- 发现已有商家未覆盖的空白地带（ASKUL：95% 的中小型企业）

- 排除原有商业模式产生的浪费（ASKUL：多阶段流通构造）

- 为此提出根源性问题（ASKUL：21世纪的文具流通会变成怎样？目标顾客群是谁？）

- 为获得他人协助而不独占附加价值（ASKUL：大ASKUL）

- 强大的商业模式是所有活动构成的整合性的系统（麦当劳、摩斯汉堡）
  - 动因的积累，实现补充功能的活动，互相强化（system of activities）

- 不一定会陷入搏二兔不得一兔的困境（"我的"）

在设计商业模式时不能忘记的一点是必须与他人合作。商业模式中，除自身之外，外部人员也要承担部分活动，这种活动大多是组合协助形式，所以得到外部协作是极其重要的。

要获得外部协作，一味扩大自己获得的价值是不可行的，这样会导致创造价值的关系（商业模式）崩溃。必须确保合作伙伴也能获得价值，从而提高协助积极性，使商业模式能够得到发展。

第二章

B2B 市场营销团体战的设计

今村英明

2-1 B2B 市场营销的基本

市场营销是"三个创造"

市场营销究竟是什么?定义多种多样,但菲利普·科特勒在《市场营销原理》中说过以下的话:

"市场营销就是在弄清人与社会需求的基础上配合该需求,或者说通过配合该需求来获得利益。"

非常简单对吧。可以说"配合需求"就是市场营销。

但观察实际的市场后,我对于该定义的某些部分产生了不解,于是做了属于自己的定义:

"市场营销是三个创造。创造顾客,创造商品,创造销售商品的机制。"

"配合需求"就太迟了

我会下这种定义是有原因的。现在,尤其是发达国家的市场中最重要的流程并不一定是针对顾客需求,根据该需求开发和提供商品及服务。为什么呢?因为无论是超市还是网络商店,无论在哪里都能满足顾客的基本需求。甚至可以说市场中可供选择的选项多到令人头疼，顾客本身往往也不懂自己究竟想要什么。而顾客已经明白的自身需求，包括竞争对手在内的所有企业也早就摸透了。

换言之，配合顾客需求来制造商品和提供服务就太迟了，应该比竞争对手先一步自行向顾客提议"您是否想要这种东西"，从而创造出顾客的新需求。换句话说，就是创造商品和创造顾客需求要几乎同时开始。

市场营销的定义——今村版

市场营销是三个创造

- 创造顾客
- 创造商品
- 创造销售商品的机制

比如十多年前智能手机在大众心中并没有明确需求。苹果等公司提议："如果做出这种东西不是很帅吗？既便于使用又很利于生活对吧？"于是消费者第一次产生了"对啊，我想要这种东西"的新需求，从而诞生了新的顾客。这种构造就是同时创造顾客和商品，而不是"最初有需求"再跟随了。

并且在市场营销中，创造销售商品的机制也非常重要，这在稍后再做说明。

作为共通语言的市场营销思维是必需的

说到市场营销，日本消费品制造商的 B2C 商业模式至今都很重视市场营销，但以法人顾客为目标的 B2B 商业模式则有一部分对市场营销比较轻视。在 B2B 中，不少公司甚至不用市场营销这个单词，或者即使有市场营销部门和负责人，也不过是类似营业的转包商这样的存在。

不过现在的 B2B 公司也开始强化市场营销，对此投入了大量人才和资金等经营资源，甚至有 B2B 企业将市场营销的思维和框架作为企业内的共通语言来推广。

为什么会变成这样呢？原因有很多。

其一是因为全球化。日本有各种传统的销售方法，但这些做法在新的海外市场中并不一定通用，往往需要根据不同的市场改变销售方式或商业手段。随着顾客日益全球化，企业自身也不得不跟随全球化的脚步。

某家公司准备紧跟在欧美竞争企业之后进入中国市场，所以调查了对手，结果惊讶地发现竞争企业在全世界拥有总数达300人的市场营销部队，早已对新兴市场做了彻底调查。这表明在世界范畴的竞争对手们已经如此重视市场营销了。

全球化和 M&A 所带来的组织增加也是凸显市场营销重要性的原因之一。随着各种人员加入企业，不同的思维方式混杂，导致即使下达"就这么做"的指示，众人各自的理解也不同，于是行动不统一，效率也变低。为了提高综合力而采用的"横向关系"模式应该也是想要利用市场营销的思维。

原因之二是商业模式的改变。如果不改变以单品为主的商品销售方式，换成以多个商品或服务的组合来解决顾客烦恼的商业解决方案，就会被卷入过度竞争，而解决方案的推进不可缺少市场营销的思维。

原因之三则如之前所述，即使询问顾客"您需要什么"，顾客自己可能也不清楚。我们不可能到顾客身边去问这问那，以此发掘新需求，因为顾客本身可能也不确认自己究竟想要什么，可能还会反问制造商"你有什么提议"。现在企业必须与顾客一起思考"对于顾客而言什么是最重要，最合适的东西"。有些企业甚至已经明言："询问顾客的思维方式已经落后于时代了。"

今后 B2B 的商业模式也将和服装等时尚产品一样，产品周期日益缩短。面对这种情况，经营者的危机感也会变得极强，因此 B2B 的企业应该也会对市场营销投入大量精力。

B2B 市场营销强化的背景

- 全球化、新兴市场重点化
- 商业的服务化、方案化
- 询问顾客也得不到答案
- 组织的增多、复杂化
- 竞争的进化
- 网络化、时尚化、大数据……

B2B 是今后的主战场

对于年轻的商务人士或商学院的学生来说，学习 B2B 市场营销也是很重要的。

首先，B2B 将是今后的主战场。因为就市场规模而言，B2B 是 B2C 的数倍大。网络交易的普及让 B2B 压倒性地先进于 B2C，而 B2C 的企业也开始认识到"B2C 已经落后，且不稳定"，于是陆续将经营重点转移到了 B2B 市场。比如松下和日立制作所等公司已经将核心事业转向了 B2B，已经几乎可以称之为 B2B 企业了。放眼世界，B2B 也成了商业的主要市场。虽然 B2B 比 B2C 规模更大是一直不变的事实，但注意到这一点的企业开始增多了。

年轻商务人士应当了解的 B2B

- 今后的主战场
  - B2B 是 B2C 的 4—6 倍的市场规模
  - B2C 企业陆续将事业转向了 B2B

- 明星职业轨迹
  - 通往顶点的道路，全球化经验……

- 必备内容
  - 所有职业类型都必须具备市场营销思维

此外，从个人资历的观点来看，市场营销也很重要。研究公司经营者的资历会发现，营销出身的人很多。当然也有出身于生产开发、财务等领域的，但占压倒性多数的还是销售、市场营销。作为与市场的接点，与顾客的接口，以及拥有提高数据的工作经验，都是成为经营者的重要财产。

并且即使不是市场营销负责人，具有市场营销的思维也很重要。自己所做的业务在与市场的关系中担负怎样的责任？供应链中自己的职责是什么？要弄清这些问题，从顾客角度出发的市场营销思维是不可或缺的。

此外，在企业内向上司或其他部门推销自己的企划提案或创意被称作内营销（或者内部市场营销）。换句话说，任何工作都需要市场营销的思维方式，对于商务人士而言，它可谓是"必备内容"。

因此，B2B 市场营销的重要性日益提高。

团队性购买者的特征

那么 B2B 与 B2C 究竟有什么不同呢？最基本的自不用说，首先是顾客不同。B2C 的顾客是个人和家庭，而 B2B 的顾客是企业等营利性机构和政府机构、医院、学校等非营利性机构。也就是以团队性购买的顾客为对象。

有时 B2B 和 B2C 也会出售同样的商品。比如汽车轮胎，既有 Bridgestone 的"轮胎馆"这样以个人为对象进行销售的 B2C 商业模式，也有将轮胎销售给丰田或本田的 B2B 商业模式。

重要的是 B2B 的顾客为团队性购买者（Organization Buyer）。这意味着什么呢？意味着购买的决策（Buying Decision Making，BDM）是由团队决定的。

决策由团队决定非常容易产生麻烦。一个决策有各种人参与意见，因此决策单位也复杂多变。所谓决策单位是指参与决策的人所组成的团队（Decision Making Unit，DMU）。这种 DMU 的复杂化也是 B2B 的特征。

B2B 与 B2C

最大的不同在于顾客

- B2C：个人（消费者、家族）
- B2B：团队性购买者
  - 企业、政府机构、学校、医院、各种团体……
- 同一种商品也可能针对不同顾客
  - （例）轮胎

B2C：售后市场（针对司机）
B2B：OEM（针对汽车制造商）

参与决策的人们往往会根据不同的基准来发表意见，各种 DMU 所采用的决策基准（Decision Making Criteria，DMC）都不尽相同。

B2C 商业模式的顾客 DMU 和 DMC 则很简单。比如在我家，DMU 就只有一个人，我的妻子就是 DMU，我（无论有没有出钱）不会发表意见。这样的 DMC 就相当爽快了。即使我表示"这个东西还是这种更好"也不会被采纳，完全由妻子的 DMC 来决定。

理解团队性购买者的决策

像企业这样的团队性购买者，也许不少人认为购买决策是由理由和逻辑来决定，但这是错误的。即使是世界性企业，决策很多时候也并不基于理由，反而受感情的影响，因此决策也变得更为复杂。

像这样的团队性购买者的决策当然很麻烦。决策的流程（Decision Making Process，DMP）往往不够清楚，过程漫长而曲折，并且经常难以一次性下决定，来回往复。决策的参加者们也会互相影响。经过这种复杂的流程之后才能做出决策。

因此，B2B 市场营销中最重要的就是是否理解这种 BDM，即团队性购买决策。理解顾客的 DMU（谁），DMC（以什么基准），DMP（通过怎样的流程）是非常重要的。如果不能理解这些，市场营销战略也难以成立。

"顾客＝团队性购买者"的意义是？（1）

BDM（购买决策）由团队决定

- **DMU（决策单位）复杂**
  - 经营者、购买部门、开发部门、会计部门……
- **多样的 DMC（决策基准）：理与情**
- **DMP（决策流程）复杂而漫长**
  - 参加者之间相互影响，权限分配，势力关系

还有一个重点是由于顾客是团队，销售方也要以相应的团队来应对。既然对方是团队，那么销售方不可能仅以一人来对接，自然也要组建团队。这就是第二大要点。

根据顾客需求运作

形成了团队对团队的模式后，构筑团队间的关系（relation）就是不可或缺的步骤了。当然，即使对象是消费者，客户关系管理（Customer Relationship Management，CRM）也是很重要的，但不能与 B2B 中关系的重要性相提并论。

"顾客＝团队性购买者"的意义是？（2）

BDM（购买决策）由团队决定

- **团队间关系性（relation）的管理很重要**
  - 配合买家的组织运作
- **必须对团队之间的"交易"关系进行设计、构筑和维持**
  - 买卖双方应该准备怎样的稳定化的团队和流程
  - 哪个部门与哪个部门以怎样的形式来分担关系
  - 如何维持和发展这些关系

为什么这么说呢？因为一旦交易开始后，大多数情况下都会有重复交易，企业所提供的商品和服务会用于顾客的事业流程，从而进入顾客的关系中。在这一流程中的关系是顾客使用企业所提供的东西，最终制造出产品。

企业必须创造出这种良性循环的关系并且长久持续，且能更进一步发展。要如何构筑这样的关系，又该如何维持、如何发展，这些在B2B中都极为重要。

以上都是以"顾客是团队购买者"为基础。B2B的市场营销精髓也在于此。对象是团队购买者，那么企业本身也必须以团队来应对，构筑团队对团队的牢固关系。换言之，就是团队战。

也许有人会认为这不是理所当然的事吗，但从失败前例来看，无论是多么优秀的公司或者从事多么先进事业的公司，在很多时候都做不到这一点。绝大多数公司即使能做到一部分，整体而言依旧不足。我想要强调的正是"越是理所当然的事越难"。

那么接下来就介绍以上B2B商业模式中的市场营销究竟哪些部分是要点。先介绍开头所说的"市场营销＝三个创造"这一定义中的"创造销售商品的机制"。

要点1 制定目标

第一个要点是制定目标。换言之就是锁定要交易的顾客。

也许很多人早已经了解了市场营销的基本思维方式的STP。S是分区（Segmentation），即根据顾客的需求和购买行为进行分类和划分。T是制定目标（Targeting），即企业在分类好的顾客中决定自己要针对的区块。P 是定位（Positioning），即让针对的顾客认识到"我们的商品和服务的特点是这个，与竞争商品有这些不同"，明确自身定位。STP 可谓是市场营销的基本。

B2B 市场营销的要点

BDM（购买决策）由团队决定

■ 锁定目标顾客
■ 深度理解顾客（Deep Customer Discovery）
　• 鸟之眼，虫之眼
■ 制定基本战略：标准化对定制化
■ 所有的团队与业务都配合战略
■ 管理实行时的变化

B2B 市场营销中也会使用 STP 的思维方式，尤其是在分区的基础上明确制定目标是不可或缺的一环。定位当然也很重要，不过最重要的还是制定目标。针对什么顾客是重中之重。

换言之，不是应对所有的顾客，而是挑选顾客。或者说根据顾客的定位来改变应对方式。

制定目标的基准

制定目标的基准多种多样。

其一是收益性。即能赚钱的顾客，将能赚钱的顾客称为"摇钱树"。

其二是学习机会。有一些顾客的要求相当高，下达的订单会严格规定"早点送货""提高精度"等，令人疲于应付，不打起十二万分的精神就难以满足他们的要求。而且由于应对麻烦，往往很难从中赚钱。这种顾客从收益性的角度来看似乎是不打交道为妙，但其中一部分能让人学到有趣的或是业界最先进的东西。

通过与这样的顾客打交道，能开发新的技术或商品，从而横向发展其他顾客。当然，这样一来，针对原有顾客的传统销售手段可能会受影响，多少还是会需要做一些改变。总之通过咬紧牙关与这种顾客打交道，即使企业本身不能从交易中赚钱，但可以从中学到让企业横向发展的技术或商业模式。这种顾客被称作"智慧树"。

其三是"优胜马"。有的企业虽然现在还不起眼，但正在迅速成长中，所以可以作为在交易中共同发展的顾客，这就是"成长树"。当然，哪些企业能成为"优胜马"，哪些企业不能，就需要自行鉴别了。

根据以上基准从海量顾客中挑选应该优先合作的顾客。当然最重要的还是"摇钱树"，不过少数优秀的"智慧树"也是不可或缺的。此外，如果能遇到有前途的企业，那么也务必要与这种"成长树"合作。总之要思考与各种顾客打交道的意义。至于既非"摇钱树""智慧树"也非"成长树"的顾客是要暂且搁置还是看情况合作，则需要企业自己做出判断。这也是 B2B 市场营销的基本思维。

市场营销的基准

- 收益性（摇钱树）
- 学习机会（智慧树）
- "优胜马"（成长树）
- 其他（什么都不是的树）

各位的公司顾客投资组合中应该有很多既不能赚钱也不能学习经验，还不能共同成长的顾客。找出这种顾客并重新审视它的定位，也是 B2B 市场营销的重点。

要点2 深度发掘顾客

B2B 市场营销的第二个要点是必须深入理解顾客。这也被称作深度发掘顾客（Deep Customer Discovery），即通过改换视角，以另一种眼光去更深一步地看待熟悉的顾客，从中发现以往忽略的商机。

深度发掘顾客有两种思维方式。其一是"鸟之眼"，其二是"虫之眼"。

鸟之眼

"鸟之眼"意味着要从上往下俯瞰，在大范围视野内审视顾客。比如以银行向医院提供贷款为例，这时银行与医院的关系如果仅从狭窄视野来认定为"金钱借贷"关系的话，那么就会与其他银行进行同质化竞争。而要避免这种情况就需要"鸟之眼"的开阔视野。

例如思考医院院长究竟在烦恼什么。是否正头疼于对患者提供差异化服务、对患者的附加价值、与同业者或竞争医院的结盟等，或是正烦恼于与提供护士的学校、供应药品的制药公司等供应商之间的关系，或者研究医院与机关或会计师事务所等专业机构之间有怎样的关系。

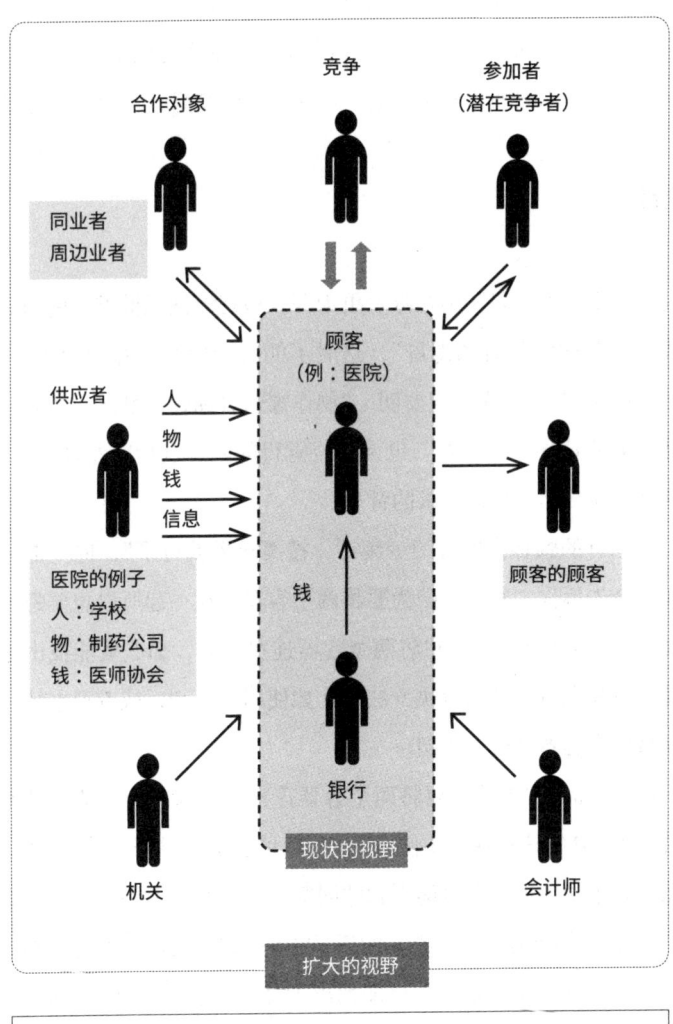

Deep Customer Discovery - 鸟之眼

```
                合作对象      竞争      参加者
                                      （潜在竞争者）

    同业者
    周边业者
                         ┌─────────┐
                         │  顾客    │
                         │(例：医院)│
    供应者      人  →   │         │
               物  →   │         │
               钱  →   │         │ →    顾客的顾客
               信息→   │         │
                         │    ↑    │
    医院的例子           │   钱    │
    人：学校             │         │
    物：制药公司         │  银行   │
    钱：医师协会         │         │
                         │ 现状的视野│
                         └─────────┘
         机关                            会计师

                      扩大的视野
```

扩大事业后找到隐藏的需求

以这种广阔的视角去观察顾客，有时会发现以往所忽略的潜在需求。而通过配合这种需求来提出方案，医院可能会震惊于"银行居然连这种事都考虑到了"，院长也可能会坦诚"确实为此困扰"，从而实现与其他银行不同的差异化提案。这就是深度发掘顾客的"鸟之眼"。

虫之眼

另一个"虫之眼"则意味着更为深入地观测微观世界。例如，顾客要求"制作螺丝钉和螺母"，这时不能直接回答"好的，明白了，马上为您制作"。首先一定要问："制作螺丝钉和螺母是没问题，但您为什么需要这种产品呢？"也许各位觉得问顾客这种问题难以启齿，但这么做能帮助挖掘该需求的背景。

可能有的顾客会回答"少废话，按要求做就行了"，但大部分顾客还是会告诉你"其实是因为要将两个容器连在一起所以想要螺丝钉和螺母"。而如果得知是想将两个容器连在一起，那么就能找出除了用螺丝钉和螺母之外的解决方法，比如使用黏合剂，或者根本从一开始就将两个容器做成一体型。

接着再问："为什么要将两个容器连接在一起呢？"那么顾客可能会回答"其实这是在水中使用的，所以怕进水"。那么继续追问："为什么要在水中使用？"可能得到的回复是"其实也不一定要在水中使用"，或者"如果有其他代替品的话，也不一定非要用螺丝钉和螺母"。

随着这样的层层追问，就能找出为什么会出现这种需求的源头。这说起来简单，做起来难，却也是非常重要的思维。

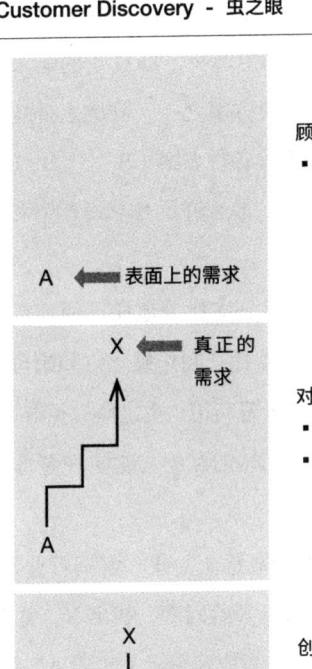

Deep Customer Discovery － 虫之眼

A ⬅ 表面上的需求

顾客委托"制作 A"
- 在讨论如何制作廉价且高品质的 A 产品之前……

X ⬅ 真正的需求

对真正的需求进行假设
- 顾客真正的需求是什么？
- 是否真的想要达成 X？

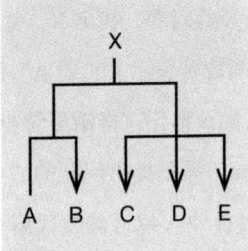

X
A B C D E

创造选项
- 除了 A 以外还有其他能达成 X 的选项吗？
- 最合适的选项是什么？

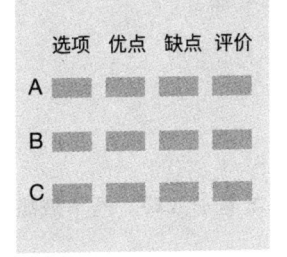

选项	优点	缺点	评价
A			
B			
C			

反过来向顾客提出方案
顾客虚心倾听
- 顾客与 A 公司开始讨论
- 可能打动更高层的关键人物

第二章　B2B 市场营销团体战的设计　　063

"虫之眼"的思维方式如图。有A这个表面上的需求后，就能从这里开始询问顾客，到达X这个产生源头，即真正的需求，从而发现螺丝钉和螺母（A）只不过是解决方案之一，除此之外还有不在水中使用或者一体机或者使用黏合剂等各种方案（B、C、D、E……）。这样一来，顾客也会恍然大悟，察觉"原来并不是非螺丝钉和螺母不可"，进而虚心倾听其他提案。

用其他说法来解释"虫之眼"，就是在执着地探寻顾客需求的同时，深入顾客的企业组织。比如当初委托"制作螺丝钉和螺母"的人与最终源头需求的人往往不同，这意味着利用"虫之眼"探寻需求时，也能深入顾客的企业团队性购买者（DMU）中，这实在是非常关键的一点。

这样的探寻活动被称作"解决方案营业"或"咨询营业"。当顾客表示"想要A"的时候，以此为起点开始回溯，找出X，并对X提出多个解决方案（solution）。相对地，当顾客表示"想要A"的时候，只回答"知道了，会为您制作"的做法则被称作"推销员营业"。

营业方法要从推销员进化到solution，具备提出问题的"虫之眼"能力很重要，不过同时也必须能够提出各种A以外的替代解决方案。寻找并收集各种方案也是市场营销的重要职责。

要点3 基本战略

B2B市场营销的第三个要点是明确基本战略。基本战略的选项（替代方案）包括标准化和定制化。

标准化战略是指制作常用物品，以便宜的价格卖给尽可能多的顾客，在经营战略论中也被称作低成本战略，因此核心是提高成本竞争力，以低价大量销售。

定制化战略则是指开发配合特定顾客需求的商品，以高价出售，即附带溢价出售。它在经营战略论中也称作差异化战略。

这两者都是战略的基本型。包括 B2B 在内的多种商业模式都要选定这两者之中的一种，或者选择标准化，或者选择定制化。标准化以多数顾客为目标，而定制化则以少数顾客为对象，顾客数量有极大的不同。

稍有不同的战略

但并不一定所有企业战略都属于这种类型，也有的企业选择了稍有不同的战略。

一种是最佳伙伴型，这也是日本的 B2B 企业比较擅长的战略。它选择位于标准化与定制化中间的形态，思维方式则比较偏向于标准化。基本来说是销售标准产品，但针对大型顾客也会提供一些定制服务，也就是通过为大型顾客持续性出售半定制产品来获得和维持优先的供应商地位，并且尽可能以高于标准品的价格出售。

基本战略选项（1）

标准化

标准品

A B C D E F G H I

为多数顾客提供
廉价的标准品

定制化

定制品

为少数顾客提供
高价的定制品

基本战略选项（2）

最佳伙伴型

半定制的
标准品

大量销售

大型顾客

对大型顾客以标准品加 α 的价
值大量出售半定制化产品

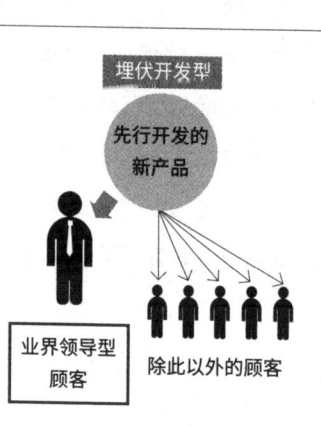

埋伏开发型

先行开发的
新产品

业界领导型
顾客

除此以外的顾客

出售新产品给业界领导者
之后再大量销售给其他顾客
在市场价格下降前收手

另一种则是埋伏开发型。这是预估顾客需求走向来提前开发新产品和技术的战略。它需要敏锐地察觉"今后要向这种科技方向转变"，并配合开发产品，提前准备好顾客所需产品，打埋伏战。大多数情况下，作为业界领导者企业的顾客会最先到达埋伏的地方，那么顺势向他们销售先驱性商品。

之后再陆续销售给第二、第三位企业的顾客。这时市场成长，随着竞争对手的陆续进入，市场价格开始下滑，而自身要比竞争对手先一步撤退。该战略看似帅气，做起来却很难。不过仍有不少公司选择了这种方式。

要点4 全身心配合战略

在这些基本战略中虽然也需要考虑个别商品的市场营销，但还要注意一个非常关键的要点，即当你选择某种战略后，必须配合该战略来彻底改变工作方法和团队。

如果选择标准化，那么产品开发就要贯彻标准产品，并且要将该开发方式本身做一定程度的标准化，因为过度复杂化的开发会导致成本上升，难以实现低价供应，所以开发行为本身也要做到简单标准化。在产品的生产方面，由于少量多品种很难降低成本，因此也要进行标准化，确保某种程度的生产规模。至于销售的话，仅靠销售员一个个地推销商品也会提高成本，所以可以考虑通过委托代理店或网络销售来实现大量标准化出售，从而降低成本。最后在配送方面也应当追求最低成本的方式。由于最近每件商品的配送成本普遍在降低，所以没有必要全部进行大量配送，但贯彻低成本是永恒不变的主题。

像这样选择某种战略后，企业内的各种系统、工作方法都要配合该战略。我将此称作"全身心配合战略"。如果选择标准化战略，企业体制也要变成标准品，工作方法也应当标准化。相反，选择定制化战略则要将身心都变为定制化。

所有组织与业务都要配合战略

	标准化	定制化
开发适应	标准品开发	定制品开发
生产适应	项目生产	订单生产
销售适应	大量营销、销售	个别对应
配送适应	一次性大量定期配送	定期适量配送

配合战略，改变身心

因此转换战略是非常困难的。制造标准品的公司如果宣布"今后制造定制品"，或者一直为防卫厅和 NASA 提供定制产品的公司如果宣布"今后的销售将面向大面积市场"，都很可能由于体制难以适应战略而导致进展不顺。有时并不是战略选择本身有问题，而是由于企业体制不适合或不够适合战略。这一点希望各位多加重视。

要点5 偏差

B2B 市场营销的第五个要点是"偏差"。可变性究竟是什么，就是如72页的图所示的状况。该图是我作为经营顾问时曾经分析过的某企业的主力产品数据。它是标准化产品，面向大量顾客。图中的点是指每一个不同的顾客，横轴是表示该产品销售给每个顾客有多少，即按顾客划分的销售额。竖轴则是表示该产品销售给每个顾客多少钱，即价格。

掌握销售现场发生的问题

仔细观察会发现，销售额相同的顾客包括高价顾客和低价顾客。比如同样购买了共计1亿日元标准品的多家大型顾客，其中一家购买价可能是每个10日元，别的顾客则是每个100日元。或者同为交易量较少的小型顾客，有的购买价格极为便宜，有的却极为昂贵。

本来当有批量折扣时，对大型顾客多少都会降价出售，对小型顾客的价格则会高一些。这样一来，该图表中的各点分布应该按规律逐渐减少，但该图中数据并非如此。这就是"可变现象"。本来设定好的价格与在现场的实际价格出现大幅偏差。

这种现象在大多数公司都曾出现过，并且对象不仅限于价格，不同顾客、不同产品、不同地区等的收益偏差也是司空见惯。

图中企业出现这种偏差问题，意味着对数据的掌握不足，干部根本不知道销售现场发生了这种问题。我将该数据以简报的方式提交给董事会后，他们都感到十分惊愕。

无论采用多么出色的战略和体制，只要销售现场出现了这种偏差，收益就无法提高。如果能够控制价格或者能够掌控与价格相关的现场人员的行动，就能提高几个百分点的收益。这也是市场营销中非常重要的课题，企业必须将销售现场出现的偏差控制在一定范围内。

市场营销逻辑欠缺症

那么为什么销售现场会出现偏差呢？我将这解释为"市场营销逻辑欠缺症"。

出现市场营销逻辑欠缺症的原因一般有两个。其一是战略不合适，该以什么样的顾客为目标，如何定价，这些基础战略可能不合适。其二则是即使战略正确，但没有将该战略贯彻到销售现场，也就是没有有效管理现场，欠缺能够让销售员有效行动的机制。出现这两种原因之一或者两者皆有就会导致偏差。

偏差的原因——市场营销逻辑欠缺症

- 缺乏对市场进行科学分析的基本视角、思维方式和手法，难以形成正确的营业和销售战略的病症。
- 企业团队缺乏能将正确的营业和销售战略落实到现场的方法，无法有效管理销售现场，没有能让销售员执行战略的机制，从而导致营业活动散乱无序的病症。

市场营销部门的职责

预防市场营销逻辑欠缺症是市场营销部门的重要职责,这里有两个重点。

其一是细心观察市场,找出制胜点。不要全凭直觉或经验做事,要在一定程度上进行定量分析,找出能够取胜的模式,同时创造能很好地解释它的逻辑。

其二是让销售现场的人理解"这么做才能制胜",从而为实现它而行动。当然,逻辑只不过是一种假说,在实行过程中有时会发现奇怪的地方。只要去做就一定会遇到思维错误或出现偏差等问题,因此要对此进行调整和修正。

总之在彻底研究市场营销战略的基础上,还要让销售现场的人接受该战略,以有效控制偏差的方式来活动。这就是市场营销部门极为重要的职责。

市场营销部门的职责

■1. 创造市场营销逻辑
- 科学地观察市场,发现制胜点。
- 对怎样的顾客销售怎样的产品和服务,如何持续性地与竞争对手拉开差距,怎么提高利益,针对以上各点保持首尾一贯的思维和行动方式。

■2. 让执行部队(营业)贯彻市场营销逻辑
- 为销售战略打好基础。
- 分析实行上的问题,提出解决方案。

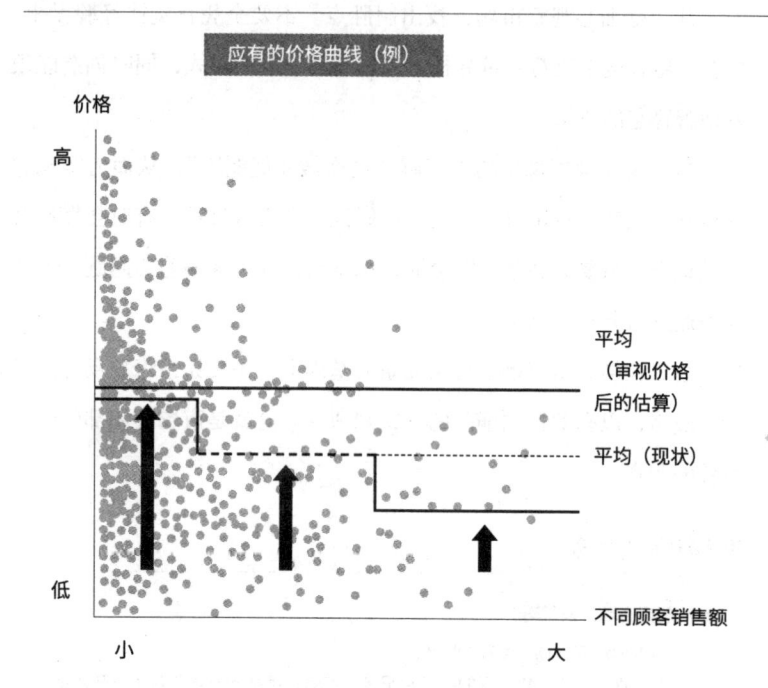

管理实行上的偏差　　A社主力产品的各顾客价格

应有的价格曲线（例）

价格
高

平均
（审视价格
后的估算）

平均（现状）

低

不同顾客销售额

小　　　　　　　　　　　　　　　　大

> 要控制偏差，单独修改其中一个原因是不够的，只有审视两方面才能从一开始就控制偏差。

现状

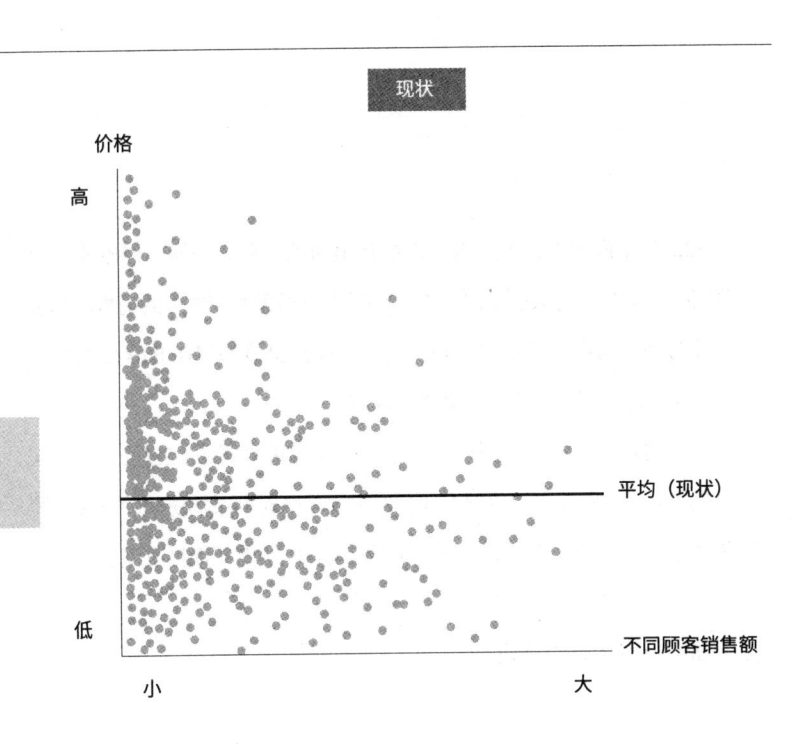

价格
高

平均（现状）

低

不同顾客销售额
小　　　　　　　　　　　　　　大

2-2 销售改革项目的事例

B2B 商业模式中,不少人将市场营销与销售混为一谈,但事实上市场营销的职责与销售大有不同。本节将根据与销售顾问相关的销售改革事例,针对销售与市场营销的不同,以及市场营销该如何在 B2B 中发挥作用,如何制造"销售机制"等来进行说明。

K 公司作为产业机器制造商,是向企业销售机器的 B2B 公司,且 K 公司是非常优秀的业界领导型企业。但由于某个时期市场份额的下降,社长在企业内创建了改革小组,委托外部咨询顾问,希望能推进销售改革。

在困惑与反弹中开始项目

这种改革项目一旦开始,各位应该可以猜到企业内会有怎样的反应。困惑,还有反弹。"那些家伙懂什么"就是最典型的反应。

销售也被称作 KKD 和 GNN 的世界。KKD 是指"直觉、经验、胆量"或"直觉、毅力、胆量"。GNN 则是指"情面、人情、浪花曲"(注:浪花曲是日本的一种说唱艺术)。以这种思维来经营企业的人们大多认为"只要督促销售员就能提高销售数字""销售出现瓶颈是销售员个人能力不足"。当以销售为主的改革项目开始时,这些人自然会觉得"根本没有销售经营的总公司管理层和根本不了解现场的毛头顾问能懂得什么"。

但我们必须无视这种反弹,让销售现场的人们告知自己实际情况。市场营销的第一步就是掌握市场变化的构造,因此可以向销售现场的人表示:"既然你们了解市场构造,那么可以告诉我吗?"

这样也许会得到的回答是:"企业内部的人只知道市场规模和成长率的数据而已。"

或者最常见的说法就是"我们是特殊的""我们是特殊的业界""我们所生产的商品是特殊的",等等。接着可能还会抱怨"顾问就会说什么数字、数字,但根本不是这么回事""别磨磨蹭蹭地收集什么数据了,不如直接提出改善方法"。

在这种情况下就只能暂且放弃企业内原有数据,自行调查并制作新的市场数据。收集数据在市场营销中是必不可少的,如果没有数据就需要自己制作数据。

领域图的制作与分析

因此改革小组调查了K公司事业的市场构造,收集的数据如下页图所示。这就是所谓的领域图。

图中对目标用户企业按规模进行了分区,这里以用户企业的从业员数量表现规格。

图中的竖轴,分区幅度表示的是当全体用户企业的数量为100时,各用户企业的分区呈怎样的比例。大企业的数量不多,占整体的5%左右,最多的是中等规模用户。

横轴表示的是各分区的用户企业数为100时，K 公司所制造的同类型机器被各种用户购买的情况。颜色越深表示购买的时间越早。此外，该数据中不仅有从 K 公司购买的相关数据，还包括从竞争对手那里购买类似机器的状况。

市场构造图

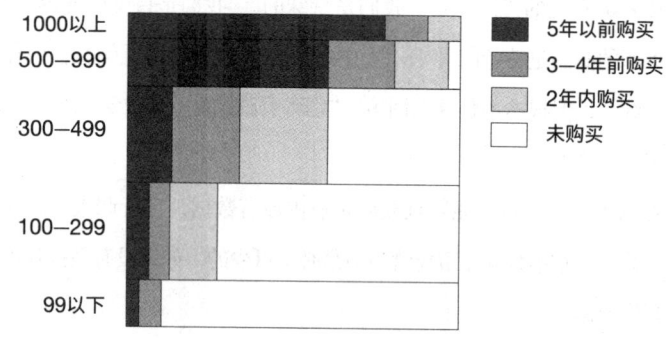

用户企业
从业员数量（人）

- 1000以上
- 500—999
- 300—499
- 100—299
- 99以下

图例：
- 5年以前购买
- 3—4年前购买
- 2年内购买
- 未购买

"空白"与"成长段"

我们能从这个市场的构造图中了解到什么呢？首先，大企业已购买的比例很高，但中小用户显示未购买的空白处还很多。换言之，市场还存在空当。这被称作空白（white space），而空白表现的是机会的规模。

另外，这个图表的好处在于能了解哪个分区正在成长。最近2—4年以内购买较多的分区也可以称作正在成长的分区。正中分区的空白较大,且最近购买较多,这意味着它的成长率很高。

像这样分析市场构造时,调查各分区的规模、成长率以及机会大小都很重要。

但在制作市场构造图时必须先进行充分的调查。这个图表看似简单,实际需要花费几周以上的工夫。

另外,用这种简单的图表来表现分析的精髓也是市场营销的职责之一,是将"市场中究竟发生了什么"可视化。

然后在K公司员工面前用该图做简报,即使员工们一开始认为"根本不用做这种事",但在看到图表之后也会承认"以前从未发现中间的分区已经成长到这种程度了",从而不仅会产生"看来必须重新制定销售作战方式"的危机感,还会稍微接受改革小组,认为"他们也并不是什么都不懂"。

K公司销售负责人的反应变化

| 看图表之前 | "就算不看市场构造图也知道应该在机会中等规模分区。" |

⬇

| 看图表之后 | "没想到中等规模分区已经成长到这种程度了,看来必须得重新制订销售作战计划了。" |

| 使其对接下来真正的市场分析产生危机感 |

销售额方程式

改革小组在掌握市场构造的同时,还要思考提升销售成绩所必需的是什么。虽然用户对象在全国范围内达5万家,但针对用户的销售活动的重点究竟是什么,要弄清这一点,项目小组需要考虑以下问题。

首先,要提高销售业绩就必须提高商谈的参加率。比如抓住某个企业"想要导入这种商品"的信息并参加该商谈。如果不能参加,那么就意味着输在了起跑线上,所以重点是"先参与比赛"。至于调查在哪里和怎么参与比赛也是重点。

参加商谈之后,接下来就是战胜竞争对手。参与比赛当然就要努力赢得比赛,否则难以提高收益。

换句话说,销售业绩是由商谈参加率和成功率这两个要素来决定的。如果不能同时提高商谈参加率和成功率或者提高其中一种,那么销售业绩也不可能提升。

这种表现销售活动成功关键的公式被称作"销售额方程式"。这是为了帮助思考提升销售额时什么要素最重要,又该如何去提升而制作的方程式。

K公司的销售额方程式就是一个典型例子。不同业界和不同商业模式的销售额方程式都有所不同,因此要找出或想出正确的方程式。以假设的方式提出销售额方程式,也是市场营销中非常重要的职责。是否能有效运用它,能极大地左右市场营销的效率。

K 公司的销售额方程式

销售活动的成功关键是：
① 提高商谈的覆盖率（商谈参加率）
② 提高商谈的竞争胜率（成功率）

【销售额方程式】

| 销售业绩 | = | 商谈覆盖率 | × | 竞争胜率 |

为什么在成长分区无法取胜？

K 公司打算按照这个销售额方程式来进行分析，于是开始了调查，最后制成的图表如下页。图中展示了市场覆盖率与竞争胜率。

竖轴与之前介绍的市场构造图一样，表示不同分区的规模。横轴则表示当各分区的用户企业数量为100时 K 公司的商谈结果。分为"参加商谈后获胜""参加商谈后失败""没有参加商谈"。图表中的白色部分表示虽然有商谈但 K 公司并未参加。

从图中可以看出，中间的分区有大量空白部分，这在之前的市场构造图中被认为是"空白区较大""成长率较高"的分区。而这部分大多都没有参加商谈。换句话说，即市场覆盖率低。K 公司在市场基本饱和的大规模用户区，大多数商谈都是在了解商业信息的基础上参加，并且胜率很高。在销售业绩还有大幅提升空间的中间区块却几乎不参加商谈，即使参加也难以获胜。

市场覆盖率与竞争胜率

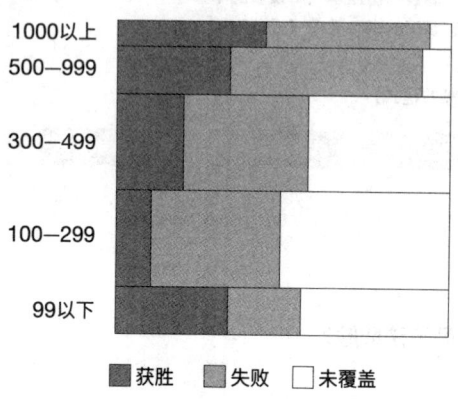

用户企业
从业员数量（人）

1000以上
500—999
300—499
100—299
99以下

■ 获胜　■ 失败　□ 未覆盖

改革小组让销售负责人看了这张图，对方十分愕然地说："我们居然有失败这么多，覆盖率这么低的区域吗？"显然，他是通过改革小组来回奔波所得到的调查结果才了解到实际的状态。

为什么销售负责人没能掌握实际情况呢？其理由很简单，因为销售员只报告获胜的商谈。或者只喜气洋洋地报告"我们赢了"而掩饰失败的案件，或者根本就不做报告。此外，"未覆盖"则意味着根本不了解相关信息，也根本没有参加商谈，自然也不可能提交报告。因此即使是自认为"我了解这个市场"的销售负责人也可能根本不知道现场究竟发生了什么。

这种情况在很多企业都经常发生，而将该问题可视化也是市场营销部门的职责所在。

未覆盖顾客样本调查

由于公司内部没有未覆盖顾客企业的相关数据，所以项目小组的成员前往用户企业听取意见，但由于不可能访问每一位用户，所以在一定程度的访问基础上，再以问卷调查的形式进行统计。由于当时网络还未普及，只能用寄送纸质调查问卷的极其原始的方式来做调查。虽然送出了大量问卷，但回答率并不高，不过只要能收集到足够做出经营判断这种程度的数据就足够了。

项目小组就像这样自行制作数据，虽然过程十分辛苦，但不这么做就会留下隐患或盲点，因此使用某种方法来做调查和推断是必需的。

"不增员不行"是真的吗？

那么，为什么 K 公司在中小型分区的覆盖率与胜率低呢？虽然这些区域规模大，有空白，而且发展前景广阔，但 K 公司难以掌握其中的商谈机会，或者即使参加商谈也屡遭失败。

问及销售干部其中缘由，得到的答案是"我们公司销售员的数量太少了"，因此"就算你们要求顾及中小型顾客，但以往一直以大规模用户为中心进行销售，现在也很难分出人手"。

于是销售干部表示："即使明知中小型顾客中具有商机，不增派员工的话我们也没办法。"这也是企业常见的反馈。"既然问题是人手不足，那希望首先是增员"，这种台词司空见惯。

K 公司中还有一个典型的回复，即"我们的产品本来就只是面向大规模用户的机种"。这些人认为"现在的产品内容根本不能卖给中小型企业，所以与其让销售部门努力，不如先让产品开发部门努力"。而改革小组在认同"这话没错"的同时，又产生了"这是不是真的"的疑问。

于是再进一步分析，得到的结果如下图。左侧是让已经拥有K公司产品的用户追加购买时的商谈结果，右侧则是从未与K公司合作过的新顾客的商谈结果。这张图中并不包括K公司完全未掌握的项目，所以右侧未覆盖部分（白色部分）是K公司已掌握但未参加的项目。

市场覆盖率与竞争胜率（深层分析）

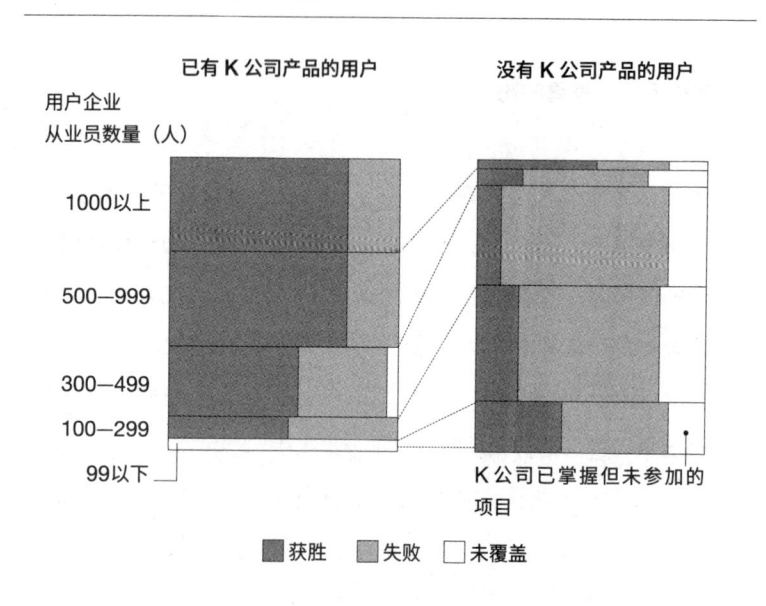

用户企业从业员数量（人）	已有K公司产品的用户	没有K公司产品的用户
1000以上		
500—999		
300—499		
100—299		
99以下		K公司已掌握但未参加的项目

■ 获胜　■ 失败　□ 未覆盖

这样一看，虽然 K 公司销售干部声称"我们的产品是针对大规模用户，不能销售给中小客户"，但实际上与中小型用户的商谈胜率并不低。此外，K 公司与原有顾客的商谈胜率极高，不过在挖掘新顾客方面则很弱。换句话说，问题在于如何针对新顾客进行销售。以上事实在通过数据可视化之后才第一次被发现，销售干部以前从未意识到自己在应对新用户方面的弱点。

因此销售干部口中"我们的产品是针对大规模用户，不能销售给中小客户，所以先要让开发组努力"的说辞就不成立了。显然，他们需要对销售方式，尤其是针对新顾客的销售方式下功夫。

不同分区的收益性

接着进一步调查不同分区的收益性。下面的图所表示的就是不同规模的用户中，每个用户的收益率。这是较为常见的分析。我们都知道面向大规模用户更容易赚钱，顾客规模越小收益性越低。图中显示实际和我们所预想的一样。

定期访问的不同分区收益性

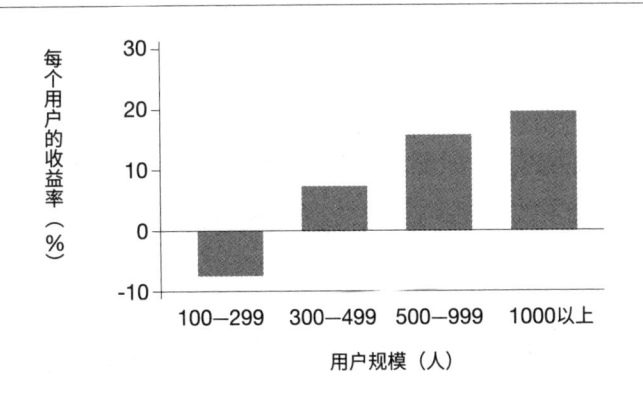

既然面向中小型用户的收益性较低，那么如果按照营业部门的主张，单纯依靠投入人手来攻占某个分区的话，只会导致整体收益性降低。以往一直从事针对大规模用户的效率化商业，突然为了争夺成长性分区而胡乱向中小型用户投入人力，将导致收益率恶化。

因此，必须考虑销售方面是否有在尽可能不增加人手的基础上，攻占新的中小型用户的方法。

DMU 分析

那么要怎么做才能在不增加人手的基础上攻占新中小型用户呢？这里可以利用前面介绍过的 DMU（决策单位）来进行分析。

项目小组通过拜访顾客企业、听取意见、利用问卷的方式调查了顾客企业的 DMU。其中包括有负责该机器的专业技术员的顾客，和没有技术员的顾客。专业技术员在导入机器的时候会以某种形式参与 DMU，但要决定从哪个制造商处购买机器，不同顾客企业的专业技帅发言影响力不同。通过分析这种不同，就发现了分区中的倾向性，如下图所示。

追加分析的结果

中小型顾客的销售生产性较低
↓
单纯增加人手会有降低收益性的风险
↓
最终 K 公司销售部门所提出的增员方案被驳回

图中横轴表示专业技术员对决策的影响力。参与购买决策的专业技师发言影响力越大越偏右侧。左侧有的虽然也有专业技师，但发言影响力较小，有的根本就没有技师。竖轴表示K公司参与的商谈胜率。

这张图中形成了不断下降的曲线，显示K公司虽然应对专业技师参与度较低的用户企业较强，但难以应对专业技师发言影响力较大的企业。换言之，K公司的销售对象是"专业技师影响力弱"的顾客。这对于销售而言是极大的短处。

购买决策者的不同与竞争胜率

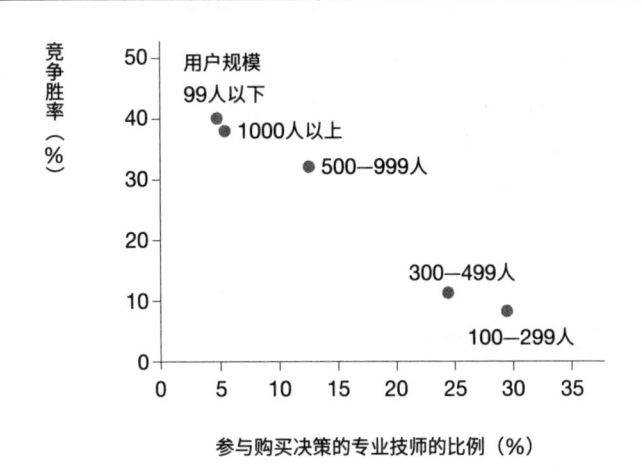

在深入调查后发现，不同用户规模 DMU 的差异能用倾向值来判明。大企业中有专业技师，会从技术层面发言，但最终决定是否购买的并不是专业技师，而是购买部门或事务部门。

但在超小企业用户中，做决策的大多是社长。无论有没有技师，最终下决定的都是社长。

图正中央的中小型用户则既有技师，且技师的发言对决策的影响力极大。K 公司的弱势区域正是这一部分。

用户 DMU 的分析结果

用户企业中的购买机器决策者（DMU）大有不同

- 大规模用户：购买部门或事务部门
- 中小规模用户：实际操作机器的专业技师
- 超小用户：社长

好孩子、坏孩子、普通孩子

接着对 K 公司的销售员进行分析。下页图中将每个销售员的销售成绩制成了图表。

横轴是各销售员的经验年数，越往右越是经验丰富的老手，越往左越是缺乏销售经验的新人。竖轴则是各自的销售成绩。图中使用了显示销售额增长了多少的延伸率。

令人惊讶的是，经验年数与业绩基本没有关系，同样经验年数的人业绩差距也非常明显，并且即使是新人也有成绩突出的人，拥有25年资历的老手也有输给刚入行的毛头小子的。

大多数公司的销售成绩与经验年数之间都是这样的关系。为什么老手的业绩如此之差呢？其中理由不止一个。首先工龄较长且工作得力的人一般都升任管理职，远离了销售现场。而留在现场的所谓老手大多工作能力较差，在年轻人的压力下根本毫无干劲。加上老手通常负责的是销售困难、难以应付的顾客或者新顾客。

不过虽然可以这样解释，但重点在于即使是同样经验年数的员工，也分业绩好和业绩不好的人。我将其称作"好孩子、坏孩子、普通孩子"现象。

销售业绩的个人差

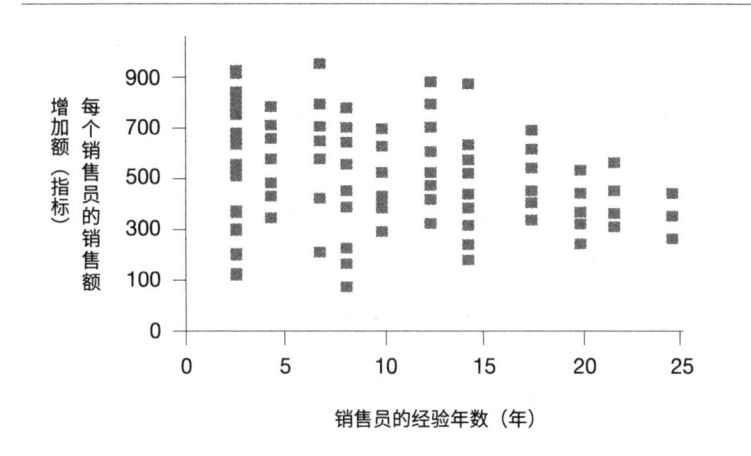

好孩子做了什么特别的事？

改革小组对"好孩子"进行了调查，想找出他们究竟做了什么特别的事，将其与"普通孩子"和"坏孩子"所做的事进行比较。也就是采集样本，分析销售成绩好的人们究竟做了什么。

虽然"好孩子"本人认为自己所做的事是理所当然的，与其他人并没有什么不同，但实际并非如此。即使对他们而言这些都是顺理成章的事，但与普通孩子和坏孩子相比还是有明显不同。调查这些是非常有效的方法，被称作企业内的标杆分析法，也是咨询顾问的常用手法。

K公司通过标杆分析法能了解跟进销售活动中出现的差异。所谓跟进，是指对购买K公司产品的顾客提供的售后服务。即使不提供具体服务，也会定期进行访问。

关于这种活动的分析结果如下页图所示，图中总结了不同销售员跟进销售活动的比例，与来自已有顾客的介绍关系，每一个点代表一个销售员。

图中显示，销售员对跟进销售活动花费的时间比例越大，原有顾客介绍给他的新顾客越多。

好孩子位于图的右上角，他们的新用户开发不是靠"天上掉馅饼"，而是通过已有顾客来介绍新顾客。好孩子们往往认为"这不是理所当然的吗"，并不觉得是什么特别的事，但这就是他们与普通孩子和坏孩子之间的差别。

跟进销售活动与新顾客介绍

```
来
自
已
有
顾
客
的
介
绍

        跟进销售活动的比例
```

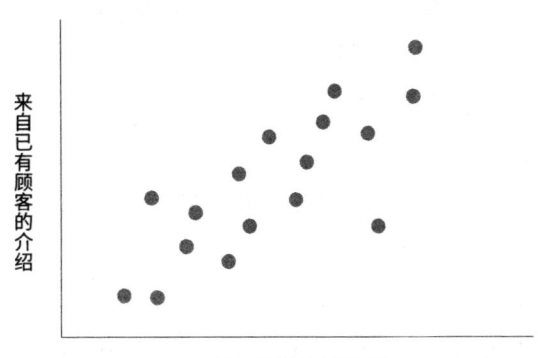

幸福循环

总结以上的调查，K 公司"新顾客区块较弱""技师发言影响力较强的顾客区块较弱"，而"好孩子通过跟进活动，从原有顾客手中获得新顾客"。

怎么做才能顺利获得新用户？

比较优秀销售与无能销售的做法并进行分析
其结果表明的事实如下

① 企业用户的技师和购买部门，会在同行间交换情报并锁定评价较好的机种，然后联系制造商的销售员来对产品进行说明。
② 优秀销售员能最快从原有顾客那里得到正准备购买新机器的企业用户信息。
③ 并且原有顾客会推荐 K 公司产品，于是该销售员会更积极地为原有顾客提供服务。

接着继续探寻出现这种情况的深层原因，于是发现用户企业的技师们其实拥有超企业范围的联络网。他们虽然身在不同企业，但同时也是相同立场的专家，加之彼此之间大多没有直接竞争关系，因此会频繁集会并互相交换情报，进行类似"这家公司的这种机器不错"这样的专业交流。

在这样的情报交换中，如果他们看中了某个机种，就可能会和被推荐的制造商联系。

而K公司的"好孩子"们通过与已购买产品的技师打交道，为他们提供良好的服务，从而得到了良好的评价，而且能从技师口中最先得到"某企业正考虑导入机器"的信息。此外，原有顾客还会向打算导入新机器的企业推荐K公司。总而言之就是技师们会协助销售，因此好孩子们又会更积极认真地提供服务。显然，K公司能提高产品的销售成绩，这种销售方法效果显著。

虽然调查之后发现似乎的确是这么回事，但K公司其实至今都不清楚其中缘由，到这次调查后才真相大白。

通过对原有顾客提供完善服务来获得早期情报，也利于加入商谈，并且能提高胜率。如此省下的时间又能用以更进一步跟进原有顾客。这种良性循环是由好孩子自行制作的，也可以将其称作"幸福循环"。

那么坏孩子和普通孩子又做了什么呢？坏孩子大多懒散，实际上并没有做什么工作。而普通孩子虽然并不偷懒，也会努力忙于工作，但往往围绕着难题打转，最后也没得到什么成果。相对地，好孩子所做的不过是"将自己应该做的做到最好"罢了。

优秀销售的"幸福循环"

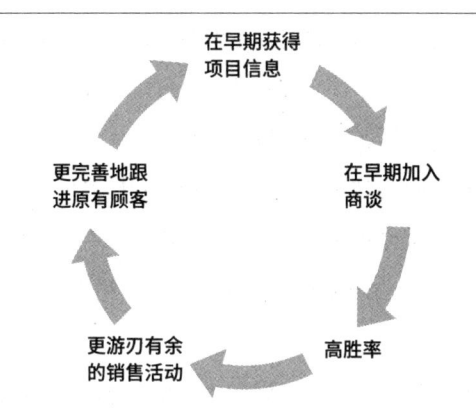

- 在早期获得项目信息
- 在早期加入商谈
- 高胜率
- 更游刃有余的销售活动
- 更完善地跟进原有顾客

攻略计划

作为企业内标杆分析法的一环,项目小组对销售员也进行了"试验",其结果如下图所示。

不同能力的销售员的不同销售额增长率

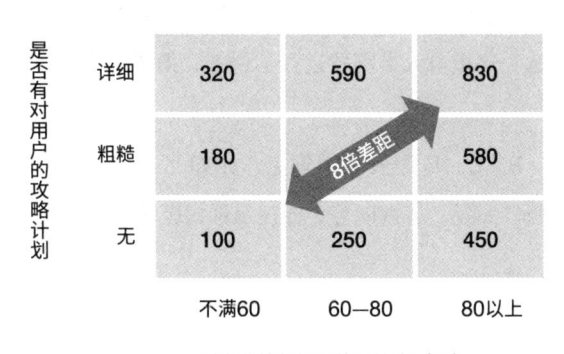

是否有对用户的攻略计划	对专业技师提问的回答率(%)		
	不满60	60—80	80以上
详细	320	590	830
粗糙	180		580
无	100	250	450

8倍差距

试验是回答来自顾客企业专业技师的问题,其答案的正确率如横轴。越往右,回答专业技师问题时的正确率越高,越往左越低。

纵轴则表示是否有对不同企业顾客的销售攻略计划。也就是是否制定了"如何攻下这个顾客"的作战方案。

通过这两个轴来调查销售成绩有多大的差别后发现,能详细回答技师问题且对顾客企业制作了攻略计划的销售员(右上)与基本对技师问题回答不上来且没有攻略计划的人(左下)相比,业绩竟然有8倍的差距。

那么针对这种状况,公司应该做些什么呢?应该为攻占技师对决策有一定影响力的中小规模企业顾客区块提供支持。以往K公司对这部分的支持不够,销售员显然也不习惯相关工作。具体而言就是要让销售员能够回答技师的问题,以及对不同顾客制订攻略计划。无论是普通孩子、坏孩子还是好孩子,这种支持都非常重要。

重新审视人员配置

剩下的重要问题就是在不增加人手的基础上,思考如何攻占中小规模分区的方法。这里对人员配置进行了调查,得到的结果如94页图所示。

横轴的A、B、C、D等表示销售点。比如北关东、南关东,或者首都圈、关西、大阪、名古屋等。即表示销售区域。

为什么无法攻略专业技师呢：内部调查结果

销售员从事的是之前未接触过的工作所以不习惯
面向中小型用户的销售员未得到充分支持
■ 针对专业技师的销售工具（辅助手段）不足

⬇

■ 帮助制订用户攻略计划
　▪ 基本型、设计、训练
■ 提高对专业技师的回答能力
　▪ 制作教育训练手册
　▪ 提供专业技术人员支持/构筑支持体制

上段的图是 K 公司在各地域所占的市场份额。A 区域的份额较高，但 M 区域的份额则不尽如人意。

下段的图则表示在各区域投入的销售员数量与推定市场规模的比例。以区域的推定市场规模为分母，以区域的销售员人数为分子。

要提高人员配置的效率，配置适合市场规模的人员是基础。如果这一点做得很好的话，下段的图应该全部处于同一水准。比如在市场规模为50亿日元的区域投入50人，数字为"1"，在市场规模为1亿日元的区域投入1人，数字依然为"1"。

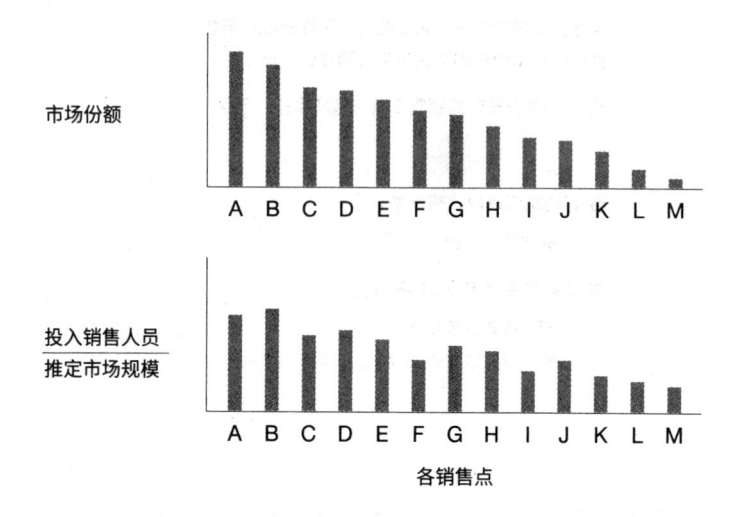

不同区域的市场份额与销售人员投入情况

市场份额

A B C D E F G H I J K L M

投入销售人员/推定市场规模

A B C D E F G H I J K L M

各销售点

但企业往往会在市场份额较高的区域配置大量人员,在份额较低的地方则只派少量人手。其结果就是导致下段图的水平线参差不齐。这种人员的不平衡是任何公司都可能出现的现象。

于是改革小组对管理层建议,可以尝试从人员配置过剩的区域抽调人手投入弱势区域,以此来攻略中小规模顾客分区。这样一来整体并不需要增加人手,就能锁定成长分区。

但销售干部对该提案表示了反对,他们认为"正是因为这样分配人员才实现了该区域的高市场份额,如果抽调人手就无法保证现在的份额了"。当然,K 公司也对这种反驳进行了讨论,但最终还是重新分配了人员。通过调整每个区域的不平衡,重新审视配置,以此让浪费的人力集中攻略中小型顾客。

项目成果

最后该项目的成果如何呢？如下图所示。

项目之后的业绩变化

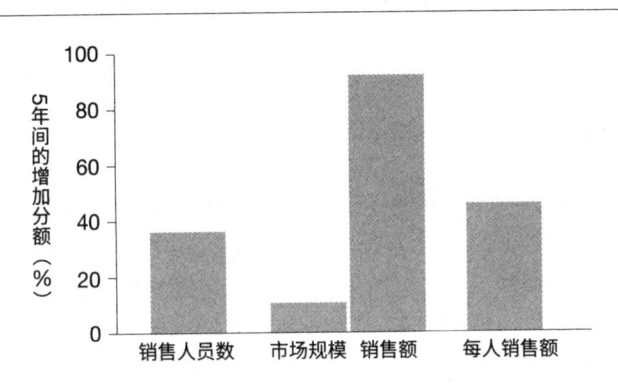

[图：柱状图，纵轴为"5年间的增加分额（%）"，横轴四项分别为：销售人员数约37%、市场规模约11%、销售额约93%、每人销售额约47%]

在该项目结束后的5年间，K公司的销售额提高了90%。市场规模只增加了10%但销售额增加了90%也意味着市场份额大幅提高，从而解决了市场份额降低的问题。此外，由于销售额上升，也对应增加了销售人员，不过5年间销售人员只增加了四成，销售额却增加了90%，所以最终每个人的平均销售额增加了40%以上。于是该项目算是"可喜可贺"地圆满结束了。

市场营销的责任

关于K公司销售改革项目的事例，我还想再谈谈以下的内容。

日本的B2B企业中，销售拥有极大权力。在这种情况下要让人认可市场营销的价值是相当困难的，但从 K 公司的例子可知，市场营销其实担负了非常重要的责任。

销售方面的说辞大多是"就算你们不分析我也知道""少做多余的事""人手不够，再增派员工过来""是开发偷懒，先让开发方面努力吧"，以及"销售员也懒散，没用的家伙太多了，先换人吧"，等等。当然，其中一部分也没错。

市场营销的价值（例）

销售的说辞	市场营销分析的结果
• 我明白 （少做多余的事）	• 其实销售方并不明白 大小、重要度、分区
• 人手不足 （先增派人手）	• 有人但没有效率 不平衡、生产性
• 开发偷懒 （先让开发部门努力）	• 销售方式有问题 仅靠销售也能解决很多问题
• 员工偷懒 （不换人不行）	• 有能力出色的员工 暂时放弃个人商店化

"一目了然"打消了所有借口

市场营销分析的结果

但经过分析后发现，销售方面的说辞很多都不符合事实，他们嘴里说"我明白"，实际并不是都明白。比如以 K 公司为例，他们根本没有掌握分区的大小、重要度和成长性等基本情况，不仅销售不够效率，而且销售方式的问题也不小，但他们往往根本没有注意到这些。

这时，打消企业内的固有观念就是市场营销的重要职责了。在长年累月的积累和经验中会产生一些故步自封的思维，所以需要抛弃这些，让真正的事实完整地呈现出来。

此外，针对各种借口，还要找出能够打消这些借口的原因。要让销售现场走向应有的方向，这是极其重要的一点，也是市场营销中最为关键的职责。

实战上的要点

进行深入分析时需要弄清实战上的要点。其一是针对目标进行讨论，这一点非常重要。不需要对市场整体进行普遍分析，而是集中一个焦点。以 K 公司为例，大客户当然重要，小客户也不可忽视，但目前的战略重点是中间的分区，所以应当将重点放在这里。

其二是要明确因果关系。也就是要制作销售额方程式，发现"不提高这里和这里就无法改善业绩"的关系。

市场营销实战上的要点

■ 集中讨论关键性重点
  例：新的中小型用户攻略
■ 挖掘因果关系
  例：找出胜率 × 覆盖率低的原因
■ 重视顾客视角
  例：弄清顾客行为模式及其背后的原因
■ 从现场收集真实信息
  例：收集顾客与销售员的第一手信息
■ 客观的判断
  例：利用基础数据来进行讨论，但不必达到100%的精确度

其三是弄清顾客购买行为模式，即分析DMU、DMC和DMP等的状况。

其四是收集现场反馈回来的第一手信息，并以收集到的数据为基础进行客观讨论。

第五个要点则是客观的分析和判断。

展现前所未见的图表

在实际分析过程中，通常一开始并不顺利。如果最初就能绘制出鲜明的图表自然很好，但其实制作起来并不简单。在K公司的事例中，项目小组也是在进行了各种错误尝试的过程中，逐渐摸索出规律，最终完成了项目。

不过只要绘制出了一张市场构造图，这就是世界上绝无仅有的一张，竞争对手几乎不可能拥有。换句话说，拥有这张图就很可能让自己占据了竞争优势。展现前所未见的顾客图表或市场图表给企业内部的人看，这就是市场营销的职责。

这里的分析并不需要多么严谨，精确度也不需要多高，大致上只要有六到七成的准确度就足以用于经营判断了。

即使是误差较大的数据，也是自己收集的独一无二的崭新数据。正因为它在世上第一次出现，所以与过去的数据相比较仍具有无限大的价值。只要企业拥有竞争对手所不具备的数据，就有可能以压倒性的优势实现差异化。

接地气，但极具冲击力

提及市场营销，大部分人的印象都是企划、分析和广告宣传等光鲜的工作，但这只不过是表象罢了。正如之前介绍K公司时一样，市场营销大多都身处以顾客接触为中心的市场销售现场，或者在销售、开发和物流等企业各部门业务现场，偶尔还会遭到嫌弃与责骂，与不同意见做斗争，费尽心血收集新数据……总之基本都是相当接地气的工作。只有这样才能发掘前所未见的市场情况，从中找寻商机，是需要坚韧毅力和极具挑战性的工作，不仅不够光鲜，反而必然要求接地气。

市场营销的最终目的是满足顾客诉求，从竞争中脱颖而出，提出能获得企业现场部门支持的新提案，在抑制不平衡的基础上创造能实现持续销售的机制。这种工作固然不够光鲜，但能给销售带来极大冲击，希望各位都能掌握B2B市场营销这一必备思维。

第三章

企业家思维革新的设计

长谷川博和

第二篇

自然憑以
人為依歸

提高 What 的构筑能力

本章将为准备开发新事业的人介绍一些必须了解的基本事项,也就是让各位学习作为企业家的思考方法。

这里所说的企业家是指并不仅限于参与风险商业的人,也包括开拓大企业新事业的人,即挑战能创造新价值的商业领域的大范围企业人士。

对于企业家而言,最重要的是 What 的构筑能力,也就是设定"要做什么",这是企业家的出发点。在明确销售额、收益、市值总额等目标之前,描绘能创造社会性价值的事业的相关构想,让以前做不到的事变为现实。以这种革新为目标就是企业家的理想。

掌控风险

新事业通常被认为是高风险高回报事业,但高风险高回报意味着并不是聪明人应该玩的游戏,它是一场赌博。商业不应赌博。

于是重点在于控制风险,将其从高风险变为中等风险或低风险。想尽一切办法来控制风险是关键所在。

要控制风险,最基本的是即使有了某个事业灵感,也不要急于开始商业活动。虽然商业贵在神速,但并不意味着贸然开始,要进行选

降低风险的新事业步骤

创业前的流程	1 事业创意的灵感	2 创意评价
展示（想法）	What	选择 What
引发思考的问题	▪ 对现状的不满 ▪ 对现状的疑问 ▪ 有这个就好了 ▪ 想做这个！	▪ 自己是否会花钱买？ ▪ 其他人是否会花钱买？ ▪ 与以往的产品和服务相比是否有新意？

3
确认事业理念

市场营销的
4P 等

- 用"什么方法（能力）"能满足"怎样的顾客"的"怎样的需求（价值）"？

4
商业计划的策划制订

加入时间表的
具体计划

- 顾客是谁？
- 要进入怎样的市场？
- 商品与服务的概要是？
- 竞争对手是谁？
- 自己的优势是什么？
- 商业模式是什么？
- 业务模式呢？
- 必需的资金是多少？
- 风险如何？
- 3年后、5年后会成长到什么程度？

择、评价，确定理念后再制订具体的商业计划，最后执行。通过这一系列步骤降低风险，我认为才是成功的关键。

不过并不建议从一开始就写商业计划。制订商业计划是会"埋头于实行计划书的记录项目"的作业，如果从一开始就对此投入精力，往往会导致对究竟要做什么的相关考察不足，即对"What"的构筑不足。

锁定新事业时的基本顺序如上页图所示。

首先要考虑的是 What，接着对其进行评价，在上页图的前两项之间来回，重复多次。完成这一流程后进入后两项。

在这一阶段打好坚实的基础非常重要，制订商业计划的人应该在这一阶段多做练习。无论是打算创业的风险企业还是打算开始新事业的大企业，只要准备开始某个挑战就应该按此顺序进行。

考虑了各种想要做的事之后，从中选出让你觉得"就是它"的一个。即使你认为"这是绝佳的点子"，也不要冲动地马上开始，先稍稍冷静，以某些明确的基准来做选择，否则不如不做。当然你可以自己做选择，也可以让值得信赖的人给你少许建议。

最初的创意一行即可

这一步用"使用的纸张数量"来表现的话如下。

第三项"确认事业理念"用1张 A4纸即可。只需要写下市场营销的4P 等事业概要，1张纸足矣。

第四项"商业计划的策划制订"则需要30—40张 A4纸。具体到谁要做什么到什么时候、为此需要投入多少资金、推出该计划又需要花多少钱，这些详细计划都必须以附带时间表的方式写清楚，不包含时间表的计划称不上是商业计划。

那么第一项"事业创意的灵感"呢？用一行字描述它就足够了，写明"尝试这个东西是否会有所突破"的创意即可，所以一行完全足够。这就是所谓的 What。

不过虽然只有一行，却是最为关键的部分。从文字来看，短短一行却包含了极为宏大的创意，往往是跳出原有框架的灵感，能给世界带来一场革新。

提到革新就离不开科技。革新就是为人类和社会提供新的价值，让人类的行为和价值观发生巨大变化，改变全世界的价值观，改变人们的思维方式。只有带来这种变化才能称之为革新。

改变价值观的革新事例

那么谈到规模较大的革新，各位会想到什么呢？能让世界产生巨大改变的革新事例究竟是什么？你是否会想到蒸汽机的发明、电话的发明等各种突破呢？

革新

革新的本质是（虽然并不一定伴随着技术革新）为人类和社会提供新的价值，让人们的行为和价值观产生不可逆的转变。

那么以电子邮件为例来看看革新能对人们的价值观带来多大的改变吧。

电子邮件出现之前，我们如果要打电话向公司常务报告某件事时恰好常务不在，一般不会留言"请他回拨"，而是表示"我一会儿再打过来"。但有时会因为太忙而忘记再打电话，于是三天后由于牵扯到相关事情而被常务训斥"为什么不向我报告"。这种事情屡见不鲜。

可能你会认为"我本来打过电话，但因为对方不在，后面太忙忘记了而已"，不过从企业价值观的角度来看，这件事显然是"没有及时报告的你本身的问题"。

当电子邮件出现之后，也许你就能堂堂正正地表示"我已经用邮件报告过了，是没及时查看的常务有错"或者"三天前的某时某分我已经发送了邮件"。当然，常务可能会反驳"只发送邮件就算报告了吗？没有直接跟我说就是你的错"，但世上的价值观已经改变了，以前别人会认为是"没有及时报告的你有问题"，但现在会认为是"没有查看邮件的常务有问题"。

像电子邮件这样只要"用过一次就再也回不到从前""用过这么方便的东西后就再也不想用旧东西"，能带来不可逆变化的产品就是革新。我认为只有能影响人们生活习惯和思维方式的改变才称得上是革新。

那么既然要开创新事业，不如就以此为目标，考虑能够改变人们价值观的东西或者前所未有的东西。作为企业家，这种态度是非常重要的。

克里斯坦森的"五个技巧"

带来革新的绝妙创意并不那么容易想到，但要如何使灵感更容易出现，其实是有技巧的，也有帮助激发灵感的训练。

哈佛大学的克莱顿·克里斯坦森在《创新者的基因》中提到了五个重点。

其一是结合，尝试不同的理念或不同的场所等本身不一样的组合。后面介绍的不同业种标杆分析法也属于"结合"的一种,还可以将在其他地方使用的科技运用到另一个业界中。总之就是思考"将这个和这个结合会不会产生什么有趣的东西"。

其二是怀抱疑问。随时怀着"为什么会形成这种机制"等基本的疑问就有可能引发新的创意。

其三是细致观察。

其四是养成验证的习惯。

假设"是这样吗",接着向两三位顾客询问"是不是真的"。

其五是与不同文化的人交流,养成和不同世界的人交流的习惯。不要只和平常来往的人以及企业内的人谈话,尽可能与不同业种的人对话,尤其是和虽然业种不同但目的意识相同的人交流很容易带来新的灵感。

如何贯彻以上几点是关键所在。

"The Innovator's DNA" Five capabilities demonstrated

- **Associating(结合)**
  - Drawing connections between questions, problems, or ideas from unrelated fields.
- **Questioning(怀抱疑问)**
  - Posing queries that challenge common wisdom.
- **Observing(细致观察)**
  - Scrutinizing the behavior of customers, suppliers, and competitors to identify new ways of doing things.
- **Experimenting(验证)**
  - Constructing interactive experiences and provoking unorthodox responses to see what insights emerge.
- **Networking(与不同文化的人交流)**
  - Meeting people with different ideas and perspectives.

出处:Christensen, C. M.(2011)*The Innovator's DNA*,Harvard Business School Press

有助于激发创意的方法

要激发好创意需要收集大量主题，收集创意的主题对于实现"提高激发创意的准确率"非常有效。

在下一页我们总结了募集创意的常见工具，即"结合不相容的两种潮流""不同行业的标杆分析法""对旧框架采取果断措施""摆脱时间框架""战略的解体"，这些都可以算作"激发创意的工具"。

提高激发创意的准确率

- 拥有5年前的理想
- 拥有讨论伙伴
- 不惧怕风险
- 提高敏感度
- 对各种事物都有兴趣并关注它们
- 锻炼右脑
- 重复问自己为什么至少3次
- 听到某个事实时养成思考为什么的习惯（只了解事实不利于推测之后的横向发展）
- 彻底追求自己喜欢的东西
- 时常想一想"如果有什么东西就好了"
- 有意识地以俯视整体的眼光去看待事物
- 与有创意的人交往
- 平常多与高于自己的人交往
- 在做之前不考虑"做不到"
- 自由地联想
- 不设定界限

结合大趋势

激发创意的第一个工具就是结合不相容的大趋势。思考是否能通过结合两个以上的大趋势来开创某个新事业。

提到大趋势,可以举出各种例子,但只聚焦于其中一个是不足以引发革新的,结合其中两个才会提高发现新价值的可能性。

接着介绍一家着眼于大趋势并提出大胆战略的公司例子。

这就是美国的杜邦公司。作为一家历史悠久的企业,自创业以来已经经营了200余年。最初曾通过制作武器大赚了一笔,后来又挑战转型为化学品制造商并大获成功,但在2000年之后,杜邦公司出售了几乎全部化学设备,如今正在向农业、生物工程企业转型。

5个募集创意的常见工具

---

1 找到2个不相容的大趋势并尝试组合
2 尝试对不同的行业进行本地化
3 对旧框架开刀
4 取消时间限制
5 战略的解体

为什么杜邦公司要转型为农业企业呢?因为它关注了两个大趋势。其一是地球环境意识的提高。注意到地球环境恶化的杜邦将保护环境作为企业的基本方针,而化学装置的运行会破坏地球环境,于是选择从该领域撤退。另一方面,地球环境所引发的世界性异常也会让农作物的生长变得不稳定,从而提高了粮食不足和水不足的隐患,因此杜邦向世界提供稳定管理DNA后确保安全的转基因玉米和转基因籼稻,它们能在比以往更为恶劣的环境中产出高产量的玉米和大米。

大趋势

- 重视精神性
- 地球环境意识的提高
- 健康意识的提高
- 略微的奢侈
- 交际网（重视与他人的交流）
- 外包的发展
- 劳动力的多样化
- 业务的数码化与IT的彻底利用

在这种前提下，另一个大趋势是世界人口仍在持续增加。现在全世界共有71亿人，预测至2050年将达到97亿人。仅从日本来看人口是在减少，但世界范围内的人口到2050年将增加35%。人口的增加必然伴随粮食需求的增长，但异常气候和地球环境恶化又让粮食产量不稳定，于是杜邦就将目标放在了解决这种问题上。

不同行业标杆管理

第二个激发灵感的工具就是不同行业标杆管理。自己业界没有但其他业界有的东西也可能成为你商业上的灵感。

日本经济新闻社的"我的履历"一栏中，小松公司的会长坂根正弘登场时说过一段很有趣的话。众所周知，小松公司的建设机械受到全世界用户欢迎的一大原因是KOMTRAX这个终端系统，它在推土机等建设机械上搭载了GPS功能和感应器等，能有效掌握每一台机器的所在地、运作状况、燃料剩余量等信息。而该系统产生的灵感则来自当时流行的"电子鸡"游戏。

电子鸡是能放进口袋的小玩具。游戏中的角色会说"我饿了",需要玩家照顾,是一款小型游戏机。看到这款游戏后,据说是福井的销售店提出如果建设机器也能说话就有意思了,比如告诉主人"我在这里""燃料不够"之类的。而这个提议被小松总公司采纳,销售企划的相关人士调查了顾客需求和可能性后着手开发 KOMTRAX。

KOMTRAX 解决了机械在使用现场所遇到的问题。由于建设机械是放置在野外的高价物品,所以被盗案件时有发生。尤其是中国经济成长加速,当建设热潮开始后,建设机械被盗更是频繁发生,因此如果能在机械上安装 GPS 进行追踪的话就能有效防止盗窃。此外,建设机械一旦发生故障就会导致工事延期,所以零件更换等维护管理也很重要。KOMTRAX 恰恰迎合了这些需求。

坂根认为服务范围的宽广更需要重视建设机械的维护和管理。尤其是对于拥有大量建设机械的租赁公司而言,实现对机械所在位置的自动管理对企业本身能带来莫大的帮助。

观察其他业界所流行的事物,并且不仅仅以旁观者的姿态去看,要思考"这东西能不能引入我们业界"。KOMTRAX 可以说就是从不同业界的标杆管理中诞生的产品。

对旧框架采取果断措施

激发创意的第三个工具是对旧框架采取果断措施。这是指摧毁固有概念,改变至今为止人们觉得理所当然的事或被认为是常识的事。

摆脱时间框架

激发创意的第四个工具是摆脱时间框架，即改变时间的束缚。举个简明易懂的例子，比如提高速度，思考是否可以将平常需要花费一周的东西在一天或三小时内完成。

亚马逊为什么能发展壮大，除了商品种类繁多，彻底利用 IT 之外，最重要的就是拥有压倒性强大的物流。亚马逊甚至可以说是一家物流公司，如今接到订单最快当日就能送达，只要有库存，最慢次日也能送达。这种物流系统就是亚马逊的强大之处，也就是摆脱了时间框架。

亚马逊为了能迅速送达商品，选择了自己做商品库存。这是考虑到了快速配送的价值而做出的选择，也是与其他销售公司的不同点。

战略的解体

激发创意的第五个工具是战略的解体，即重新审视已经被认为是常识的战略，尤其是要从根本上审视全球化战略。

不同业种标杆分析法

作为之前介绍过的不同行业标杆分析法之一，利用"商业模式画布"这种框架能够比较方便地将其他企业或业界的商业模式引入自己业界。

所谓商业模式画布，就是指亚历山大·奥斯特瓦德等人所提倡的商业模式设计法，这在《商业模式新生代》一书中有详细介绍。该书被多家公司当作商业模式画布，用于分析自己应该如何改变战略，以及与竞争企业相比哪里需要改变。

商业模式画布

KP Key Partners 伙伴	KA Key Activities 主要活动	VP Value Propositions 价值提案	CR Customer Relationships 与顾客的关系	CS Customer Segments 顾客分区
	KR Key Resources 资源		CH Channels 渠道	
CS Cost Structure 成本构造				RS Revenue Streams 收益源

出处：亚历山大·奥斯特瓦德等，《商业模式新生代》，翔泳社，2012

商业模式画布会分割成箱型的方框，里面写上要点，并对该商业模式进行分析。

分析中最重要的是正中央所写的"价值提案"，这也是之前介绍的 What。将该商业究竟包含怎样的价值放在画布正中的位置。

最右边填写的则是顾客分区，即明确"顾客是谁"。越是能找准客户群越是利于事业发展，越是遍地撒网越是容易失败。这看似有些矛盾，毕竟销售时能卖给越多的顾客越好，但当明确了目标客户后却是针对面越小越好，所以必须明确顾客分区。还有就是要考虑如何获得将商品送到顾客手中的渠道，如何维持与顾客之间的关系。

右侧填写自己企业网站的内容，例如进行怎样的活动、哪些资源是必要的、合作伙伴都有谁。此外，底端部分填写成本构造和收益源。

各位可以试着将自己想要尝试或发展的事业放入这种商业模式画布的分析法中，以此整理要点，便于对不同行业做标杆管理。

企业家精神

之前已经介绍了对于企业家而言较为重要的思维和行为方式，但仅仅学习方法是无法成为真正的企业家的。无论是从事什么工作的人，要评论此人是否算是企业家，都必须看他是否具有企业家精神，这种精神比任何方式方法都重要。

无论是在大企业中开创新事业还是创立风险企业，或者是参与风险事业，所有人都应当具备企业家精神。

最后我们来看看美国政治家所提出的"企业家精神"。

企业家精神
Dean Alfange(生于1899年的美国政治家)

我有权选择不做一个平庸的人。
我会尽我所能成为杰出的人。
我寻找机会,不寻求安稳。
我不希望成为一名有保障的国民,孱弱而沉闷地安享着国家的照顾。
我要做有意义的冒险。
我要梦想,我要创造。
我要失败,我也要成功。
我渴望奖励,拒绝施舍。
我宁要充满挑战的人生,也不要万无一失地活着。
宁要心满意足的颤抖,也不要萎靡虚空的平静。
我不会拿我的自由换取恩惠。
也不会拿我的崇高换取救济。
我绝不在任何权威面前发抖。
也绝不为任何恐吓所屈服。
我的天性是挺胸直立、骄傲,且无所畏惧,我要自由地思考和行动,我要纵情于我创造的价值。
我要光荣地面对商业的世界。

第四章

与革新的对抗
代替品对策的设计

根来龙之

4-1 让现有业界陷入矛盾的革新

自己发起革新的人也许不多,跟随他人所发起的革新浪潮的人却不在少数。更多的人是被动卷入革新,并为此感到困扰。

本章将思考当你被卷入革新浪潮时的对策,以直面"破坏性革新"时的决策为主题。

所谓破坏性革新,是指伤害原业界的革新。对于破坏性革新也有不同定义,以革新论闻名的克里斯坦森对其下了不同定义,不过这里暂且将它视作"让现有业界陷入矛盾的革新"。

换句话说,就是即使明白它会带来怎样的变化,自己所在业界也可能很难对应这种变化,从而使原业界的人陷入困境。造成这种情况的革新就是破坏性革新。

克里斯坦森曾说过这样的话:"以原有顾客的价值基准来看也许降低了性能,但它在新的价值基准下,是成本和功能上都有划时代改变的新技术。"

代替的速度

例如数码相机的出现给胶片相机带来的毁灭性打击。数码相机的销量剧增出现在20世纪90年代后半段，以前虽然也有数码相机，但与胶片相机相比，其数量几乎可以忽略不计。

相机的国内出厂数量变化

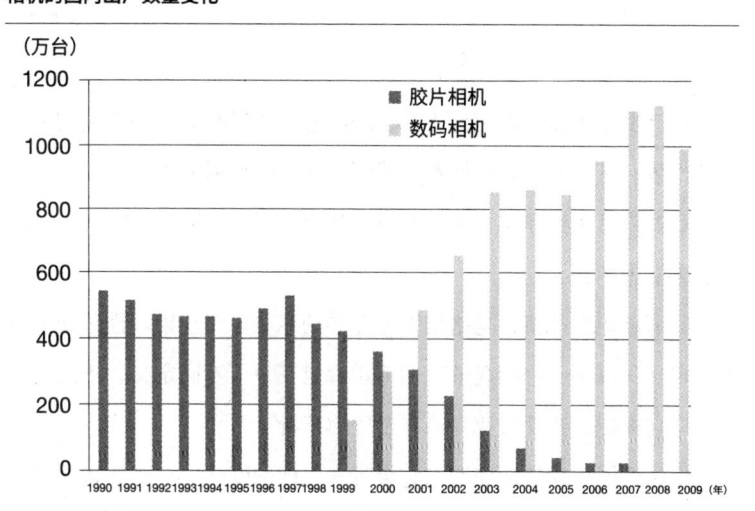

(万台)

[图表：1990—2009年胶片相机与数码相机的国内出厂数量变化柱状图]

出处：相机影像机器工业会

数码相机的崛起似乎是意料之中的事，但实际上一直到20世纪90年代中期，数码相机的画质还不如现在这么好，大多数人仍然偏爱胶片相机。数码相机被认为是电脑的附属品，而非"照片"的代替品。

然而随着能够满足专业摄影师需求的数码相机出现，加之价格降低，数码相机开始急速占领市场，胶片相机市场几乎完全灭绝。这是仅仅不到10年间发生的突变，也是真正意义上的破坏性革新。

如此迅猛的替代速度是很难应对的。工厂该怎么做？技术人员该怎么办？如果替代时间长达40—50年，也许可以有计划地整理工厂，雇佣新人，能获得应对的喘息之机。但数码相机以如此快的速度攻占市场，原业界几乎无计可施。

胶卷的国内出厂数量变化

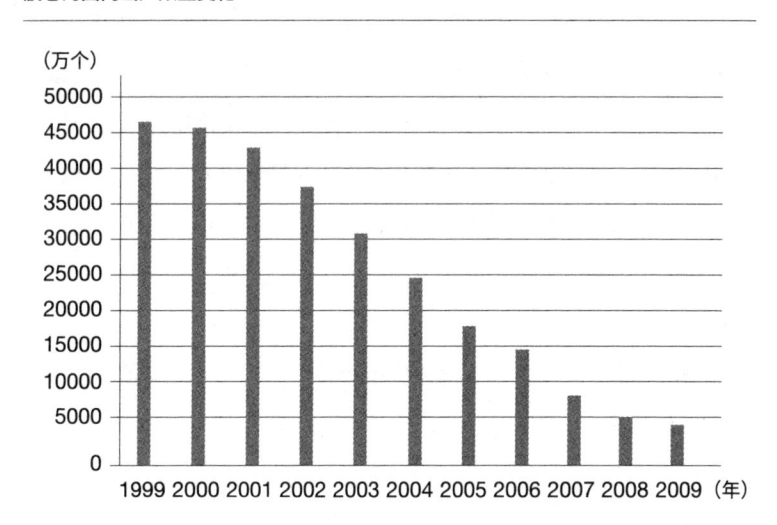

(万个)

年份	数量
1999	46500
2000	45500
2001	43000
2002	37500
2003	30500
2004	24500
2005	17500
2006	14500
2007	8000
2008	5000
2009	4000

出处：日本 colorlab 协会

相机的数码化对胶片市场带来了破坏性的打击。1999年至2009年的十年间，胶卷的国内出厂数量缩减至1/10，这导致维持工厂都极其困难了。

"前有狼后有虎"的两难境地

面对这种破坏性，企业应该如何应对呢？以富士胶片为例，它就自主进入了数码相机市场。既然胶片相机市场缩减，胶卷显然也很难有销量，那么不如自己推出数码相机。这一决定帮助富士胶片取回了市场份额，并且它还发展了医药品和化妆品等新事业。另一方面，由于胶卷工厂的关闭和旧员工的辞退，整个企业本质也发生了变化。在面对破坏性革新时，美国柯达公司出现了经营危机，富士胶片却成功生存了下来。

我认为富士胶片进入数码相机市场是个正确选择，但越做就越缩小了胶卷市场。但即使自己放弃数码相机市场，也会有别的公司进入，所以胶卷的需求还是在继续减少，那么只能选择继续留在数码相机市场。但继续做下去的话，自身的胶卷工厂将逐渐无用化……这就陷入了"前有狼后有虎"的困境。

面对这种破坏性革新时，如果革新速度过快，企业就可能陷入和胶卷业界同样的困境。虽然无可奈何，但遗憾的是，这是得不到完美答案的问题，最多只能减缓痛苦。从这个意义上来说，面对破坏性革新时，富士胶片比柯达公司应对得更为优秀。

胶卷业界所面对的破坏性革新

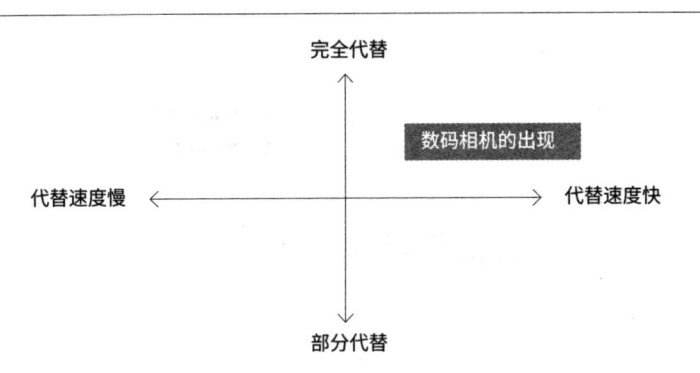

```
                   完全代替
                      ↑
                      |
                      |      ┌──────────────┐
                      |      │ 数码相机的出现 │
                      |      └──────────────┘
代替速度慢  ←─────────┼─────────→  代替速度快
                      |
                      |
                      |
                      ↓
                   部分代替
```

注：所谓完全替代，以根来（2005）所提出的概念来看，意味着新技术在几乎所有功能性上完全优于传统技术

产业和人类一样也有寿命，既然无法阻止革新的出现，那么面临该困境时，必须接受的一点是这个问题没有完美答案，只能思考如何减缓痛苦。

代替的范围

在考虑破坏性革新的影响时，除了关注它的速度，还应该注意"代替的范围"。

我们再来看相机界的例子。虽然数码相机已经替代了胶卷相机，但数码相机紧接着也面临了又一次革新。附带照相功能的手机出现以及智能手机时代下摄影功能的不断丰富，都在侵蚀着小型数码相机市场。

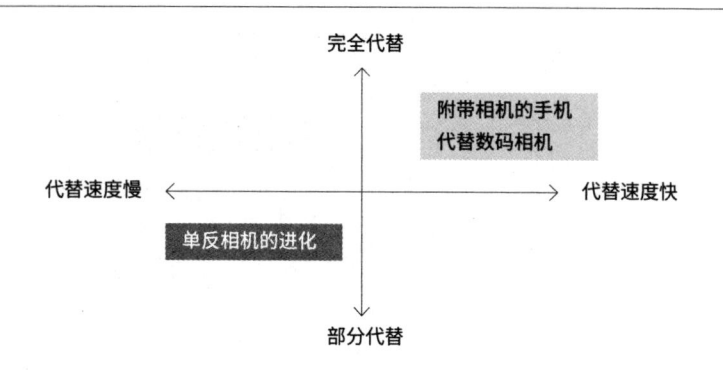

附带相机的手机所造成的破坏性革新

```
              完全代替
                ↑
                |         附带相机的手机
                |         代替数码相机
代替速度慢 ←————+————→ 代替速度快
                |
        单反相机的进化
                |
                ↓
              部分代替
```

数码相机的全世界出厂数量

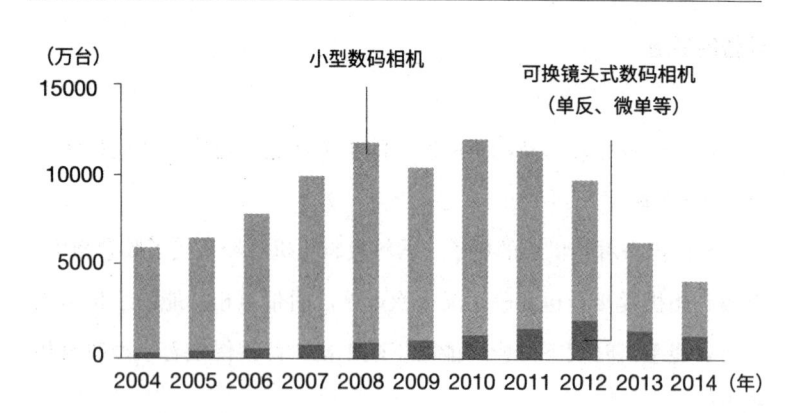

（万台）

- 15000
- 10000
- 5000
- 0

小型数码相机

可换镜头式数码相机（单反、微单等）

2004 2005 2006 2007 2008 2009 2010 2011 2012 2013 2014 （年）

出处：相机影像机器工业会

但数码相机中,像单反这类能够更换镜头的相机的销售数量却并没有像小型数码相机一样大幅降低。微单相机也属于此类。虽然数码相机市场逐渐被智能手机替代,但仍有部分领域未受影响。换言之,这不像胶片相机那样市场被全面侵占,仍留下了部分空间。因此思考破坏性革新的波及范围——也就是替代范围究竟有多大也非常重要。

讨论代替的范围也就是弄清自身事业还能存活的范围。如果在破坏性的革新下还有残存市场,则可以通过强化该区域的事业来确保一定的收益。也许事业不会有较大成长,但至少还能继续。留在可更换镜头相机领域的佳能和尼康也就是选择了这一路线。

代替的矩阵

总结以上内容可绘出如下矩阵。应对破坏性革新时需要具备两个视点。其一是代替的速度,其二是代替的范围。

代替的矩阵

		代替的速度	
		慢	快
代替的范围	大	数码相机与带相机的手机	模拟相机与数码相机
	小	书籍与电子书籍	银行与网络银行
		报纸与电子报纸	

第四章　与革新的对抗代替品对策的设计

根据这个矩阵来整理一下面对破坏性革新时的应对方式。

首先,无药可救的是右上角。像相机的数码化这样代替范围极大且速度极快的情况是无可挽救的,只能像富士胶片一样自己也参与其中,在其他事业领域谋求活路。

像左上这样虽然代替范围大,但代替速度较慢,原有事业的需求并不是猛然骤减的情况,选择吸收新技术来锁定新顾客分区的战略较为有效。即利用突出的新技术来创造新的顾客分区。

破坏性革新的对应策略

		代替的速度	
		慢	快
代替的范围	大	尽可能有计划地参与两方面的产品。如果模仿障碍较大,则尽量守住原有产品的利基市场。	在早期就从原有产品转向代替品,尽早从原有产品市场撤退。
	小	有计划地参与原产品和代替品这两方面的产品,并长期维持。控制两者之间的竞争。	在早期就参与原产品和代替品这两方面的产品,并长期维持。两者之间不竞争,扩大服务。

相机行业以这一行动完成了微单与动态相机等机型的新技术进化,从而实现其与带相机功能的手机的差异化。

如果代替范围较小,基本的应对方式是在维持原有产品的同时加入代替品市场。理想情况是避免原有产品之间的同类竞争(同类相食),实现两方面的事业扩大。

控制是否可能？

直面破坏性革新的企业在弄清自己的事业处于该矩阵的哪个位置的同时，还应该考虑是否能够控制代替的速度和范围。

原有企业的战略

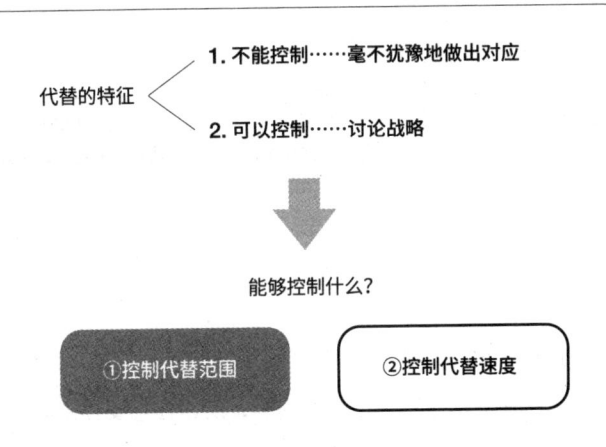

代替的特征
- 1. 不能控制……毫不犹豫地做出对应
- 2. 可以控制……讨论战略

⬇

能够控制什么？

①控制代替范围　　②控制代替速度

如果不能控制，那么要果断舍弃面对破坏性革新的事业，在其他领域寻求生路。如果能够控制，那么要讨论该怎么去控制和控制什么，研究战略。

以出版业界面对书籍电子化的革新为例。在美国，亚马逊的Kindle的出现进一步加速了书籍电子化进程。但日本的电子化速度还赶不上美国，原有出版社对亚马逊的强势统治产生了反弹，力图控制电子化的速度与范围，并且在一定程度上成功实现了控制。

代替的控制

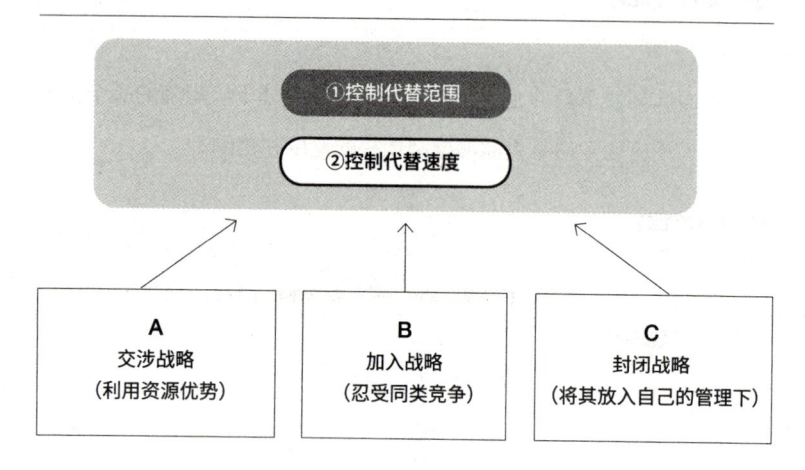

```
┌─────────────────────────────────┐
│         ①控制代替范围            │
│                                 │
│         ②控制代替速度            │
└─────────────────────────────────┘
      ↑            ↑            ↑
┌──────────┐  ┌──────────┐  ┌──────────────┐
│    A     │  │    B     │  │      C       │
│  交涉战略 │  │  加入战略 │  │   封闭战略   │
│(利用资源优势)│ │(忍受同类竞争)│ │(将其放入自己的管理下)│
└──────────┘  └──────────┘  └──────────────┘
```

　　要控制代替进程，就必须有抑制代替品攻势的手段。面对书籍电子化的日本出版业界由于掌握了书籍内容，所以在想要控制电子化进程时做到了一定程度的抑制。

　　但值得注意的是，叩能会出现新的提供者来满足顾客的新需求。出版业界也会出现专门负责电子书的出版社，或者原有出版社也开始优先提供电子版。这样一来，电子化进程就可能加快。此外，电子书籍还能实现纸质书做不到的事，比如理科的实验能在平板上轻松完成，从而推动教育领域的数码化。这些动向都可能波及整个出版业界。

4-2　报刊业界所直面的破坏性革新

本章来思考一下如今正面临破坏性革新的业界吧。以报刊行业为例，报刊公司现在正直面数码革新。使用电脑和智能手机、平板等，通过网络来阅读新闻的人越来越多，已成为不可逆转的趋势，看纸质报刊的人则日益减少。

报刊公司当然也有自己的新闻网站，但报刊事业的核心目前仍是纸质报刊。几乎所有的大型报刊公司都想要保住纸质报刊这一领域。换句话说，他们想要延缓代替速度，也想要缩小代替范围。

那么来看日本报刊公司对于电子化所采取的手段，思考面对破坏性革新时应对的要点。首先来整理一下报刊公司卷入的数字化现状。

日本最大的新闻网站是 Yahoo!News

日本最大的新闻网站并不是报刊公司的网站，而是 Yahoo!News。它每月平均页面浏览量达43亿8000万，平均独立访客数量达7900万。虽然每个用户使用电脑和手机等多个浏览器情况较为常见，但如果每个用户都使用不同浏览器的话，就意味着有7900万人在看

Yahoo!News。日本发行量最高的《读卖新闻》也才不到1000万份,这样来看的话,阅读 Yahoo!News 的人数相当可观。

Yahoo!News 所刊登的是报刊公司等提供的新闻,而非自己派遣记者采访。为其提供新闻的报刊公司包括《读卖新闻》《每日新闻》《产经新闻》《时事通信》等,不过日本经济新闻不为其供稿,朝日新闻也对提供新闻的数量有所限制。看 Yahoo!News 只能了解主要的新闻。

顺带一提,据说报刊公司都是以低廉的价格给 Yahoo!News 提供新闻。至于原因,似乎是因为在网络出现、雅虎开始提供服务的20世纪90年代,报刊公司认为网络是一种宣传媒体,所以与雅虎达成一致协定,为其提供低价新闻。

但如今从 Yahoo!News 所附带的网页链接能直接进入报刊公司的网站,从而很大程度上支持了其页面浏览量。报刊公司的网站浏览量能换取广告收入,所以 Yahoo!News 的点击来源变得非常重要,于是愿意继续以低价为其提供新闻,或者说至少没有办法表示"今后不再供稿"。

大型报刊公司的电子版状况

接着来看主要报刊公司的电子化状况。

日本经济新闻社从2012年起开始推出"日经电子版",2013年12月时宣布其付费用户已达到了31万。日经新闻的纸质刊物发行量约300万,也就是电子版为纸质版的1/10。

日经电子版的费用是如果已购买了纸质报纸还想要电子版的话,

就在报纸费用（早刊和晚刊每月共计4509日元）的基础上再加1000日元（含税）。如果不需要纸质报纸，只购买电子版的话则是4200日元。成为注册会员还可以每月免费阅读10份收费新闻，至2013年12月时，已有超200万人免费注册成为会员。

《朝日新闻》比《日经新闻》晚一年左右，于2011年5月推出了《朝日新闻 digital》。它的商业模式与日经新闻基本相同，在纸质报纸的基础上加1000日元即可阅读数码版。纸质报纸的早刊和晚刊每月共计4037日元，单独购买数码版则只需3800日元。注册的免费会员每天可阅读3个付费新闻。包括免费会员在内的会员数截至2013年3月已超过100万人，收费会员据说也达10万人，纸质报纸约700万份。

读卖新闻则针对报纸购买者提供了专门的电子版《读卖premium》。仅需在报纸购买费用上加162日元即可阅读，非常便宜。但读卖新闻几乎没有怎么宣传这一服务。

产经新闻早在2005年就推出了能在电脑上阅读的《产经 NeiView》，月收费315日元。2008年12月推出了 iPhone 应用软件的免费版，后又在2010年5月上架了面向 iPad 的电子版，月收费1500日元。紧接着于2011年11月又追加了安卓版。纸质版产经新闻的发行数量为1600万份，与读卖、朝日、日经相比要少得多。

死守纸质报刊

大型报刊公司虽然也推出了电子版，但基本上都尽可能地不减少纸质报刊的发行量。即使是先行涉足电子版的日经和朝日，其做法也是在纸质报纸定价4000日元的基础上加1000日元即可获得数码版，这显然是为保住纸质报刊的赠品。读卖甚至只为购买了纸质版的读者提供电子版，只有产经的思维方式略有不同。

如果真想要推广电子版的话，只要降低价格就可能实现全面推广。即使会产生固定成本上的问题，但电子版无须印刷费和运送费，因此只要出版社愿意，就能廉价出售。

但廉价出售电子版很可能导致纸质版的销量急剧减少。即使数码化的潮流难以阻挡，但纸质版销量减少还是会让出版业头疼。销售降低意味着广告收入减少，而纸质版数量减少的同时又必须维持印刷部门，从而导致固定成本提高。

所以大型报刊都在踩下电子版油门的同时又踩住了刹车，或者说在踩着刹车的同时也踩下了油门。类似于明知"可怕"却不得不前进的感觉。

日经新闻应该怎么做？

这里想听听大家的意见。各位认为对电子版最为积极的日经新闻该如何设置电子版的费用？要保住纸质版的话，是否继续维持现状？在明知纸质版销量减少的前提下是否应该降低电子版的价格？或者应该怎么出售电子版为好？

参加者A：我没怎么看过日经新闻，一般是通过雅虎或乐天等免费网站阅读基本新闻，如果想了解一些详细信息的话，也能从网络或杂志上看到。如果只是电子版就售价4000日元每月的话，我认为不值得，所以定价应该更便宜一些。

参加者B：阅读日经新闻的读者群是固定的，即使降价也不会增加多少读者，所以我认为降价就意味着降低收益。

参加者C：早有人说过"电脑普及后纸质书将消失"，但现在纸质书依然存在，所以我认为人的习惯不是那么容易改变的。即使降低电子版的价格等于自己踩下油门，它的普及速度也并不会加快多少，因此我认为没有必要特地冒险降低价格。

参加者D：要让现在的年轻人看纸质报纸我觉得已经不太现实了。我现在34岁，同时代的人几乎都不会购买纸质报纸，所以要让年轻人接受只能从电子版入手。那么如何实现与免费新闻网站的差异化，就只能利用企业本身所拥有的新闻内容实力。确定目标，对针对性顾客群做细化处理，我认为这种方式会比较好。

参加者E：我认为要维持电子版的价格还有一个选项，就是放弃纸媒，也就是彻底专攻数码化。

首先考虑到价格，正如之前几位所说，日经新闻的读者群与读卖和朝日不同，即使降低价格也很难扩大市场份额，降价也吸引不了多少朝日和读卖的读者转投日经。这样的话，与其降价导致减少收益，不如先确保能够用于针对开拓年轻人购买市场的投资资金，维持每月4000日元的价格。

另一方面，我认为放弃纸质版也是个不错的选择，因为这是有前例可循的。Recruit公司就曾经放弃了《就职journal》这一纸媒，一口气转向了网络，结果现在所有的就职信息、打工信息和转业信息已经全都网络化了。所以我认为报纸也可以转为专业电子化。

参加者F：我认为阅读日经新闻的人并不是降低价格才会购买的人群。他们大多是公司员工或者年长的商务人士，这些人更喜欢在大面积纸张上慢慢阅读。纸媒彻底消失是不现实的，我觉得应该提高其附加价值，甚至提高价格。

模块化

根来：除了关注数码化速度的快慢之外，还应当关注并思考数码化可能带来的"报刊形态"的变化。

纸质报刊是打包商品，将政治、经济、社会、文化和体育等各种领域的消息汇集到一起，因此不看体育栏的人也会偶尔扫过体育栏。且除了地区性差异之外，对所有人都是提供同样内容的报纸。

但比如在日经新闻的读者中也会有像我这样只想看"经济教室"，不看其他内容的人。虽然纸质报刊作为打包商品已经是大家认可的惯例，但电子版可以分开销售。例如日经新闻的"经济教室"可以单独定价为每月500日元，即模块化出售。

当然，愿意打包购买的人就打包，愿意分开买的人就分开买。这样一来也许能够增加顾客群，但以现状来看，报刊公司不会这么做。

对于这一点，我想听听各位的看法。

参加者G：为什么不改变打包化出售，我认为是为了保住报纸的"知情权"。由于报纸具有公共性，承担了传播"群众应该了解这个""应该关注这些"等信息的职责，所以不得不维持打包出售的现状，以实现作为言论机构的责任。为了让人了解并不感兴趣的内容，传播公共性新闻，就不能进行模块化出售。

参加者H：我认为模块化会降低整体内容的品质。报刊内容也分为畅销的和不畅销的商品，模块化可能会导致没有收益的部分出现，最终使所提供的价值整体降低。打包出售能持续提供整体服务，模块化则会让报刊公司的功能性降低，所以我认为还是保持现状比较好。

参加者I：我认为打包制就和会员制的体育俱乐部一样，不少人其实是出于惰性支付报刊的每月费用。如果你告知这些人"只购买这一部分会更便宜",反而可能降低销售额。

根来:那么有没有人认为"能做到的事不去做本身就是错误的,不断追求技术上可行的东西才能持续进步,反正总会有人做的,不如自己先实现模块化"?

参加者 J:我认为模块化后分开出售能通过降低单价来增加读者。也许单价降低会导致销售额整体减少,但通过模块化明确读者目标后,也能提高发送的广告费,从而最终提高收益,借此改变商业模式。

参加者 K:单纯从顾客角度来考虑的话,想打包购买的就打包购买,此外还有单独购买的选项自然更好。能为顾客提供便利更容易在市场上发展。此外,单独出售会区分出受欢迎和不受欢迎的部分,那么企业应该对哪些部分投入精力、放弃哪些部分就一目了然了。我认为更利于找出企业自身的强项与弱点。

策展型的新闻 App

根来:最近业绩的新动向是出现了策展型的新闻 App。这是整理网络各种新闻的 App。至2014年10月为止,Gunosy 已有约500万下载量,SmartNews 有约500万下载量,使用者日益增多。NewsPicks 也有约20万下载量。

策展型 App 就是所谓的平台型商业。它虽然也会提供独有的新闻,但基本上是汇集供稿的报刊社和出版社所提供的新闻,或者收集网络新闻并附带链接,是一个新闻聚集地。在不自行制作新闻这一点上与 Yahoo!News 相同。

这种策展型 App 实现了新闻的模块化。即使不与内容提供者签订合作合同，它也能以提供链接的方式整理《日经新闻》或《朝日新闻》的新闻页面，而从该链接点击进去就能进入《日经新闻》或《朝日新闻》的网站。

这种状况日益普遍化，那么我们可以进一步思考新闻的模块化。报刊公司即使自己不出售模块化新闻，策展型 App 也能将其与其他公司的新闻整理到一起供读者阅览，从这一点考虑的话，其实可以选择与这种 App 进行积极的合作。各位认为日经新闻该怎么做呢？

参加者 L：报纸阅读者的年龄层较高，考虑到今后的重点是增加新读者，在新区域做一些创新我认为也是战略之一。

参加者 M：日经新闻给人的印象是只有经济相关，如果除此之外的有趣新闻也被策展后推广给读者的话，会让人觉得"原来日经也有这种新闻呢"。从这个意义上来说，要开拓新的顾客群，与这类公司合作其实是不错的选择。

参加者 N：日经经常推出品质较高的经济类新闻，借助这种平台应该能让大众广泛认可其价值，这也可能开发出新的收益源。

根来：那么有没有人认为没有必要和策展型 App 合作呢？

参加者 O：我虽然赞同通过宣传来出售新闻，但日经这么做并不太好。为什么这么说呢？因为日经拥有与其他媒体不同的品牌价值，与其他 App 的合作可能会降低其品牌价值。

参加者 P：我认为日经新闻不需要和这种平台合作，自己制作一个平台更好。

不再闷头做纸质报刊

所谓报刊，就是在几乎所有空隙中填满文字和照片，宛如制造艺术品一样，不留任何浪费的空间。每天都在短时间内制作出无空隙的报纸是一件很了不起的事。

但数字化后就不受空间制约了，因此没有必要花费精力在无空隙排版上，新闻可以随意排列，报刊公司的排版部门在纸质版上投入的人力也就毫无意义了。

报刊公司本身也可以通过模块化来制作分开销售的电子报刊，但他们现在并没有这么做。换句话说，报纸的打包出售是由于报刊公司放弃了能做到的事。

为什么明明能做到却不去做呢？因为想要控制代替的速度与范围，希望作为打包商品的报纸能够生存得更久一些。

总结

- ■ "原产品"市场能多大程度上继续维持下去，取决于以下二者。

  ① 代替的速度
  ② 代替的范围

- ■ 根据代替速度和代替范围的不同，应对破坏性革新的对策也不同。

- ■ 专业人员影响较小的情况下，在控制代替速度和范围的同时制定对策，这对于原行业而言是较为有效的方法。

- ■ 但破坏性的技术让"销售方式"本身产生了剧烈变化时，尽早做出应对会更利于企业生存。（不过事业的结构改革往往伴随着剧烈的疼痛）

我认为报刊公司目前能够控制代替的速度。从报刊公司的角度来看，虽然很多人选择了Yahoo!News，但Yahoo!News本身并没有制作新闻的能力，本质与策展型App一样。因此报刊公司应该不会选择自行加速数字化或推进模块化，而是会在保住纸质版的同时制作接近纸质版阅读感的电子版，将所有页面的内容打包出售。

通过合作提供新闻也是较为消极的方式，报刊企业显然想守住自己的地盘。虽然也有像产经新闻这样积极进行数码化并向新闻网站供稿的企业，但仅凭产经一家公司并不会造成多大影响。

大型报刊公司只要有自信能继续控制下去，今后应该也会继续现在的路线。至少暂时来看，控制业界保持现状也许是正确的选择。但这一判断并不一定永远正确，代替势力也有可能急速扩大。

商品性质彻底改变

破坏性革新会危及原有事业，也有可能彻底改变商品性质。

我们可以从一张报纸中获得各种信息，但究竟要看多少呢？如果是纸质报纸的话，家里不可能堆放太多，那么你可能选择读卖，他选择朝日，我选择日经。但如果是网络的话，你阅读多少报纸都可以。网络意味着你可以在任何地方访问它，从这一点来说报纸的配送截然不同。

策展是随着网络信息日益泛滥而出现的不可避免的需求。对于报刊公司而言，是否成为策展的信息源也是重要的战略主题。从海量报纸中选取部分新闻阅读的人越来越多，如何应对这一状况也是问题所在。

企业还应该考虑的是，如果无法应对策展与模块化，那么10年或20年后会出现怎样的结果。一般而言，企业如果只顾着延缓代替速度、缩小代替范围，那么今后还将面对更多的困难。

第五章

M&A 与金融
所有权的设计

樋原伸彦

M&A 能带来什么好处？

M&A 能带来什么好处呢？或者说我们能从 M&A 中得到什么呢？

首先我想问问大家的意见。

参加者 A：M&A 能让我们获得市场。M&A 意味着企业的收购与合并，当然被收购企业也有其原有顾客，也就等于得到了这块顾客市场。

参加者 B：以比较抽象的方式来解释的话，我认为这等于"购买时间"。M&A 能得到市场、技术以及新事业的发展可能性，而这些东西自己从头去做的话需要花费时间。利用 M&A 则能大幅缩短这些时间，也是其带来的最大好处。

参加者 C：我们能得到的是"利益的扩大"。通过购买处于价值链中的进货商就能吸收其中的利益。

参加者 D：通过创造新市场，购买技术，购买顾客，购买时间，得到核心系统，得到商业伙伴，推广全球化，提高品牌价值，吸收不同文化，从而促进革新，以上都是 M&A 能带来的好处。加之引出协同作用，产生1+1大于2的效果。

参加者 E：通过出售这个事业或收购那个事业，能让企业的选择更为集中。

参加者 F：我认为还有购买人才这方面的好处。

参加者 G：如果是上市公司，M&A 也等于购买销售额。

正如各位所说，M&A 的目的多种多样。可以获得市场，获得技术，购买品牌，得到人才，实现销售额和利润的扩大，购买时间……作为卖方的话，还能达成"集中选择"或"舍弃没有收益的事业"等目的。

但要说 M&A 会带来什么特别的好处，我认为有两种说法比较具有说服力。其一是协同效应，也就是希望买家企业的原有事业与购买事业之间产生协同效应。其二是降低成本，即简化重复的部门。宣布进行 M&A 的企业通常会强调协同效应，但根据美国的 M&A 相关研究，要通过 M&A 制造出协同效应是非常困难的，其研究结果表明，成功的 M&A 反而大多是实现了成本降低效果。所以证券分析家并不在意原本就不太可能实现的协同效应，更关注 M&A 是否带来了成本降低等收益上的好影响。

M&A 能带来什么好处（1）

- 协同效应（与买家企业的原有事业产生协同效应）
- 成本削减（有可能共享重复的事务部门等）

企业的边境线能延伸到何处？

M&A 所带来的协同效应也是"范围经济"的一种。所谓范围经济，就是指当扩大事业范围时，不同事业间产生了互补性。

M&A 所带来的成本削减则是企业追求的"规模经济"。指当一个事业的规模扩大时，固定成本和事务性经费等降低。

从这些方面来考虑的话，M&A 所表现的问题其实就是"企业的边境线能延伸到何处""自身企业能扩大到什么程度"。换言之，也就是质问现状下的边境线对于企业本身是否合适。如果不合适，就应当重新划定边境线。企业当然可以通过收购来扩大边境线，但反过来通过出售事业缩小边境线也非常重要。M&A 不仅要着眼于扩大规模，有时也需要考虑缩小规模。

M&A 能带来什么好处（2）

■ Scope of Economy（范围经济）
■ Scale of Economy（规模经济）

谁是最佳所有人？

不同案例中，M&A 的目的不同，但无论任何 M&A 都具有同样不可或缺的重要视角，那就是弄清"谁是该事业的最佳所有人"。从根本上反问自己，拥有该事业是否真的是最好的选择。收购的金额和条件等当然也很重要，但在那之前首先要深入思考"最佳所有人是谁"。无论对于买家还是卖家而言，这都是极为重要的问题。

判断是否是最佳所有人时，很容易受到自身当时所处状况的影响。打个简单的比喻，当你口渴时，一瓶水都价值非凡，你甚至愿意为它支付200日元。但当你口不渴时，就根本不会在乎它了。这在 M&A 中也是同样的道理。

当企业陷入资金周转困境，万般无奈之下准备出售事业时，不妨试着考虑"谁是最佳所有人"。也许短期内会为资金周转而头疼，但该企业依旧是事业的最佳所有人。有的情况下，交易银行能看穿这一事实，为其提供能继续该事业的贷款，但大多数时候都会做出误判。

这对于当事企业而言固然不幸，对于社会而言也是一种损失。因此具备看清谁拥有该事业或者该资源对社会最有益的视点是 M&A 的基本。

有必要将它纳入其中吗？

即使你认为自己是最佳所有人，也并不一定意味着必须将该事业纳入自身企业中。除了进行企业融合、设立子公司，还有只需以少量出资构筑合作关系的方法。因此是否必须获得该事业的所有权就是接下来需要考虑的问题。

即使不将事业纳入自身企业麾下，也能实现使用该公司资源或拥有与该公司相同的市场环境。例如，投资拥有所需技术的风险企业，从而构筑能使用其资源的关系。

这就是"开放式革新"的思维。所谓开放式革新，就是不仅利用自身技术，还与其他企业有的技术和创意相结合，以此引发革新。越来越多的企业都开始利用以此为目的的企业风险投资（Corporate Venture Capital，CVC）来扩大投资范围。

在开放式革新日益扩大的背景下，出现了"M&A 是否已经过时"的疑问，也就是质疑"是否有必要往自身企业纳入所有资源"。

M&A 中的根本性问题

谁是最佳所有人？

即使本公司是最佳所有人，应该如何构筑与该事业的合同关系又是另一个亟待解决的问题了。换句话说，就是必须问自己"开放式革新能否顺利"。

正如之前所说，现实情况下，要利用 M&A 创造协同效应是很难的，即使在美国，许多人对于 M&A 能对提高企业价值起到多大作用仍持怀疑态度，他们认为通过 M&A 实现企业融合只能略微降低成本。其中一部分人则提出了用 CVC 等方法来取代 M&A。

那么 M&A 的决策就应该在这些选项的基础上来决定。

M&A 的决策方程式

要做 M&A 的决策，检讨收购价格是不可或缺的一环。虽然判断谁是最佳所有人很难，但决策的基准就是利用某种方法来计算价值，通过替换事业所有人来推定创造的新价值。决策的方程式如下所示。

M&A 的决策方程式

$$\left[\begin{array}{c} \text{卖家企业现在基本的} \\ \text{单独价值} \end{array} + \begin{array}{c} \text{M\&A 所产生的} \\ \text{新价值} \end{array} \right]$$

$$> \left[\begin{array}{c} \text{卖家企业现在的市场} \\ \text{价值（股价总额）} \end{array} + \text{收购溢价} \right]$$

要使M&A正确化，该方程式中的前者必须高于后者。

卖家企业现在基本的单独价值，接着加上买家通过M&A收购该企业所产生的新价值，这就是M&A之后的企业价值。

另一方面，要计算出收购所必需的资金，首先需要计算卖家企业的市场价值。如果是上市企业，可马上得知其价值，如果是非上市企业，则要通过一系列复杂的流程来推算，不过计算方式也并不难。在其市场价值的基础上加上不同程度的"收购溢价"，就能得出收购所需费用。

所谓收购溢价，是指收购时在以往股价的基础上附加的金额，也是买家愿意支付的附加价格。

比如当软银收购Sprint时，由于产生了收购需求，Sprint的股价上升了约14%。市场参与者推测："软银认为即使支付这种程度的收购溢价，加上通过M&A所产生的新价值依旧能让方程式成立。"

创造让收购溢价正当化的逻辑

收购溢价一般为多少才妥当呢？要弄清这一点不是易事，只能说"如果市场参与者，尤其是原有股东能达成一致意见的话，答案也许就是正确的"。

而后提出某个价格范围，让卖方股东认同"可以以这个价格出售"，并附上该价格正当化的逻辑，这就是实际的M&A操作。此外，还要对本公司以股东为首的持股人，解释因股价上升而得出的收购溢价的合理性。

如果不能让买方认可"我们是最佳所有人，比当前所有者能更好地使用该事业的资源,所以即使支付收购溢价也要获得它",那么 M&A 就不能成立。

金融机构不会寻找最佳所有人

在日本,金融机构向大企业提出 M&A 方案的情况并不少见。企业到这一阶段才第一次讨论并判断"YES"或"NO"。其微妙的点在于,这是等到邀请后才被动考虑是否进行收购,而非主动思考自己是否是该事业的最佳所有人。

只要 M&A 成立,金融机构就能获利,因此在选择买方时,合适的企业很多。换言之,金融机构不会寻找最佳所有人,他们只会寻找愿意购买的企业,从中挑选出价最高的。

在这种情况下,如果企业面对"自己是否是最佳所有人"这个根本性的问题时没有回答"YES"的自信,那么不满足前述方程式的可能性就极高。这也是 M&A 本质性的问题。

制作需求企业名单了吗?

从这个意义上来看,软银和日本电产选择与以往日本企业截然不同的思维来积极利用了 M&A。他们可能制作了"需求企业名单",并且该名单很长。他们并不是被动讨论递进来的方案,而是先从自身企业的事业内容来考虑,寻找"需要该事业"的对象,并且会注意 M&A 的时机。他们对待 M&A 的态度与以往的日本企业大有不同,不是被动接受 M&A,而是以自己为主体主动出击,这种方式也许更容易得到好的成果。

真正的 M&A 不仅要重视"收购",也要重视"出售"。通过买与卖进入 M&A 市场后能获得第一手的新鲜情报,以及只有位于该群落中才能得到的信息。

假如自己是经营者的话会买吗?

以上述要点为基础,最后介绍的是 MBA 中关于学习 M&A 的重点,这与前述方程式有关。

M&A 决策的关键其实并不在于计算是否满足方程式,而是"如果是我们的话,能不能通过某些方式让方程式成立"。

所以在研究 M&A 的相关事例时所处的视角不是"这个 M&A 是否成功",而是"如果是我的话会不会买"。关键在于不要将其视作与自己无关的事,从自身出发,将它当作自己的决策问题来回答"YES"或"NO"。

证券分析师或咨询顾问则可以分析"这个 M&A 是否成功",因为对案例做出具有说服力的解释或独创性的说明,是证券分析师和咨询顾问的生存之道。

但在进行 M&A 的决策训练时,就必须问自己:"如果我是软银的经营者的话,是否会收购 Sprint?"

在实际的经营中,必须在有限的信息与时间内做出决策,显然不可能非常客观地思考"是否能成功",也不能以"收购它是因为这个 M&A 可能会成功"来做决策。

因此最重要的是要有"愿意为其支付1股2美元的溢价"的觉悟。作为商业战士,应该从 MBA 中学到的一点就是下决策时必须有所觉悟。

金融是必修科目的理由

金融理论作为决策的工具是我们学习的重点，这意味着拥有了能从交易中取胜的工具。

为什么说金融是 MBA 的必修科目呢？因为无论是资金调度还是进行 M&A 都需要金融知识。从这个意义上来说，金融就是游戏的准则，是最为基本的规则，如果不懂金融就无法参与游戏。作为商业战士要在商业游戏中战斗，学习金融理论等于学习基本的读写能力。

但只学习基本的读写能力是不够的。在现实中如果遇到必须做出的经营判断，还要有能自行做出决策的决心。因此在分析 M&A 的事例时，需要具备"如果是自己会怎么做"的视角，并反复进行决策训练。

第六章

全球化战略
世界地图的设计

平野正雄

6-1 全球化革命与日本企业

全球化革命的实态

如今无论从事什么事业的公司,其交易伙伴、原材料、生产据点、股东构成都不可避免地日趋全球化。换言之,应对全球化已经成了所有企业亟待解决的经营课题。

那么在全球化的进程中,企业要谋求发展,最重要的是什么呢?本章将介绍全球化商业的基本。

首先来看全球化革命的实际状态,如下页两图。

第一个是对应全世界 GDP 的贸易额。1990年前后为40%,之后持续增长,达到了60%。之后虽然因金融危机有所降低,但2014年又上升至60%以上,换句话说就是物品往来正急速扩大。

另一个图则是对应全世界 GDP 的资本流通额,表示每天发生的汇兑交易和资本交易的金额占每年 GDP 的百分之几。显然,1990年前后是一个转折点,随后资本交易量急剧增加。

这两个图数值的分母都是全世界一年的 GDP,分子则一方是物品交易,一方是金钱交易。但值得注意的是,物品交易额占一年

GDP 的60%，金钱交易额则占一天 GDP 的50%。那么金融经济比实体经济要大得多，全世界每天都有巨量金钱流通，因此当前世界的经济受资本市场的巨大影响，而正如经济危机一样，一旦资本市场发生危机，也会给实体经济带来危险。曾经，包括股票市场在内的资本市场是作为实体经济的结果来表现的，但现在两者关系逆转，牵一发而动全身的状况频繁出现。尤其是1990年之后，这种倾向尤为显著。

世界的贸易额和资本流通额与 GDP 的比率

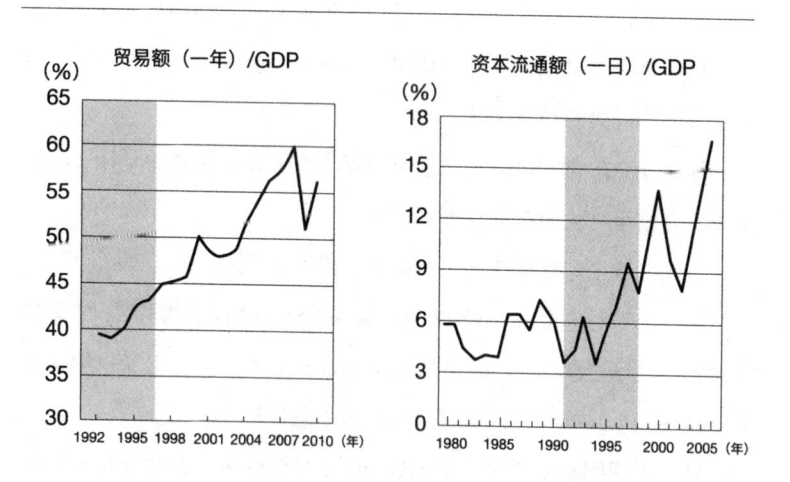

出处：世界银行、国际货币基金组织（International Monetary Fund，IMF）

三大要因

那么世界范围内的贸易交易与资本交易的扩大是如何发生的呢？为什么20世纪90年代该倾向尤为显著呢？我认为是由于出现了三次大的变革。

其一是政治性要因。1978年开始实行的改革开放政策，让中国开始与世界经济联系起来。此外，冷战的结束是又一大冲击，这结束了世界东西对立的局面。

其二是制度性要因。由于金融制度与会计制度变成世界共通的制度，让物品交易和金钱交易的世界流动性提高。这些推动经济融合的一系列变革主要都是从20世纪90年代开始加速进行。

其三则是技术性要因。1985年前后，随着数字革命的发展、个人电脑的出现，数码机器开始走进我们的生活。接着是原本用于军事目的的互联网被商业化，我们普通人也能使用网络。这不仅极大地改变了人类的交流方式，更刺激了使用互联网信息技术的新型企业和商业模式的出现。

技术性要因还给金融工程的发展也带来了巨大影响。随着金融衍生商品和证券化技术的发展，也造成了企业资金募集的多样化和企业间 M&A 的活跃化。

推进全球化革命的三大要因

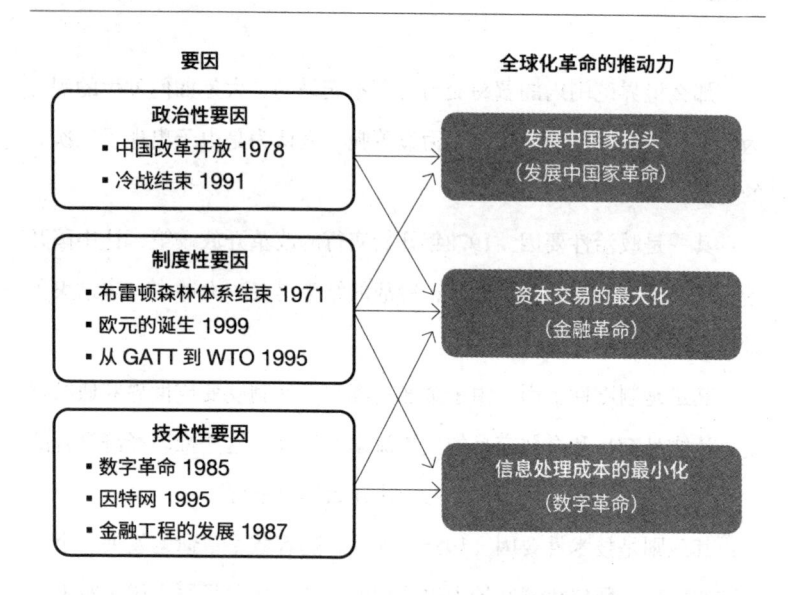

要因	全球化革命的推动力
政治性要因 • 中国改革开放 1978 • 冷战结束 1991	发展中国家抬头 （发展中国家革命）
制度性要因 • 布雷顿森林体系结束 1971 • 欧元的诞生 1999 • 从 GATT 到 WTO 1995	资本交易的最大化 （金融革命）
技术性要因 • 数字革命 1985 • 因特网 1995 • 金融工程的发展 1987	信息处理成本的最小化 （数字革命）

以上三大要因在同一时期并行发展的结果，就是让世界经济与企业的商业模式发生了戏剧性的变化。换言之，20世纪的经济范例、经营范例都再次发生巨变，这就是全球化革命。

发达国家俱乐部

试着比较一下全球化革命前后日本企业所处的经营环境，首先来看日本企业目标市场的大小。

人均 GDP 超1万美元的国家，总人口占全世界人口的多少呢？在20世纪，达到这一要求的只有美国、欧洲与日本，总人口约5亿。在这个发达国家俱乐部中当然具有多种多样的价值观，但也有相似的生活方式。日本在该俱乐部中作为擅长商品制造的国家，具有垄断性地位，并以此推广和繁荣商业贸易。

人均 GDP 超1万美元的国家的总人口

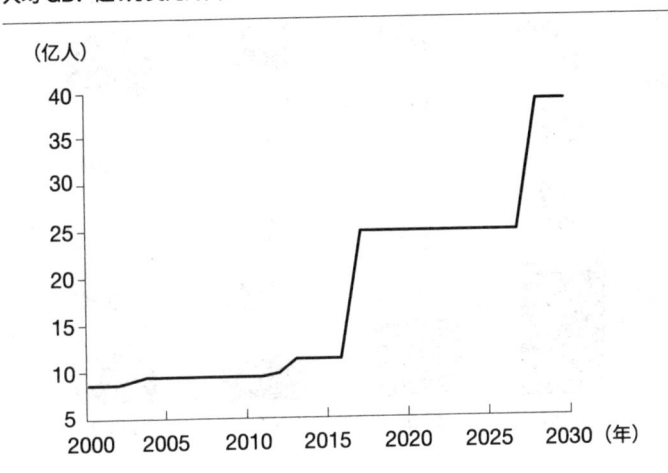

资料：平野正雄，《新经济的竞争战略》Diamond Harvard Business Review、世界银行"World Development Indicators" IMF,BIS，2000

日本企业的影响力低下

发展中国家的经济发展带来了新的市场，但这并不一定与日本企业的成长有直接联系。

加入新市场的消费者群体需求与以往的发达国家俱乐部不同，日本所销售的商品在发展中国家并不好卖，20世纪的制胜模式如今不再通用。此外，由于韩国企业的抬头，也打破了日本企业的垄断地位，其中最典型的就是韩国三星的手机事业。日本还在制作翻盖手机时，三星就已开始大量生产世界标准的机型，攻占了世界市场。

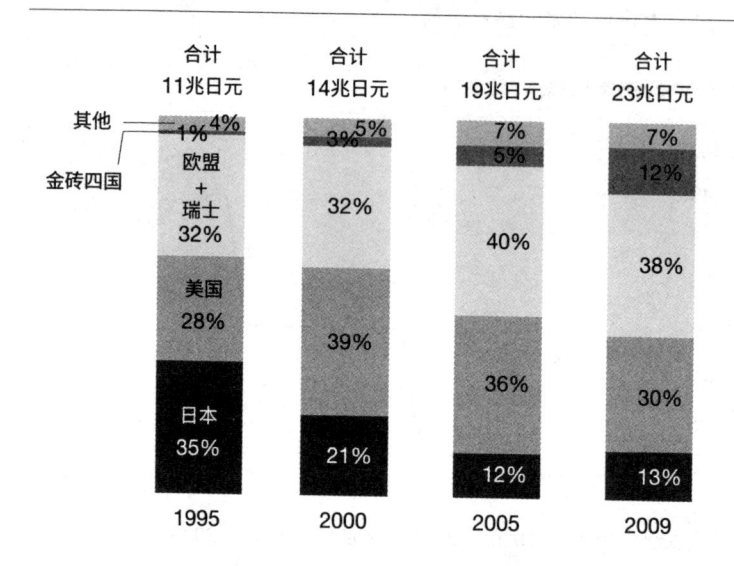

世界500强企业（财富500强）收益额的不同国家所占份额

	合计 11兆日元	合计 14兆日元	合计 19兆日元	合计 23兆日元
其他	4%	5%	7%	7%
金砖四国	1%	3%	5%	12%
欧盟+瑞士	32%	32%	40%	38%
美国	28%	39%	36%	30%
日本	35%	21%	12%	13%
	1995	2000	2005	2009

资料：麦肯锡

注：日本企业2009年的收益额中包括了邮政民营化后的"日本邮政"。

　　美国财富500强的数据明确地展现了日本企业影响力降低的变化。从全世界500强企业所得收益额的国家分类来看，1995年日本企业收益额占35%，高于美国，但2000年大幅降低至21%，2005年进一步降低到12%，之后就一直停滞不前。与此相对的是，发展中国家企业占比迅速增加。

　　从该数据可以看出只有日本的地位下降，美国企业几乎没有太大变化。这意味着日本影响力降低的原因并不是发展中国家的抬头，而是由于日本企业的商业模式已经无法应对全球化革命。

容易低估可怕的对手

为什么日本企业无法应对变化呢？我认为从结果来说原因如下。

首先，守成的企业或走在前端的企业往往会给新的竞争对手过低的评价，也可以说他们不愿意正视自己不想看到的东西。

互联网出现时，甚至有通信公司的管理者表示"那种东西毫无用处"，认为"它品质低下，难以保证连接，不可能用于电话"。但实际上互联网是完全可以用于电话的高品质新事物。部分先行者可能是出于傲慢或者太依赖于自己过去的成功经验，往往会低估新兴势力和技术。

同样的状况也出现在其他产业中。比如日本的家电和汽车制造商低估了韩国企业，某汽车公司的干部甚至斩钉截铁地表示"韩国不可能很快形成汽车产业"，认为"汽车作为涉及面较广的产业，如果当地没有零件制造商等供应商的话，该国不可能自行制造汽车"。

实际如何呢？韩国现代集团实现了急速成长，如今销售总量已超过了丰田。现代从全世界征集供应商，并在全世界范围内形成了汽车销售链，它的商业模式从一开始就未受制于韩国国境。在韩国制作优质产品后输出的日本式成功经验，让日本企业根本没想到竞争对手会有如此商业思维。

我们总以为新兴企业"即使能赶上，也不可能超过我们"，但事实并非如此。发展中国家企业反而更容易一口气吸收最先进的科技，发起革新。"发展中国家等于落后"的思维早已不可取，只是自以为是的傲慢罢了。

对经济发展的错误认知

我们往往会对国家的经济发展模式产生错误认知，最典型的就是认为发展中国家正在追随日本的发展列车。20世纪八九十年代有一种说法是"亚洲的发展呈大雁型"，意思是日本飞在最前端，其他国家追随其后。马来西亚首相马哈蒂尔曾说过"Look East"，被解释为亚洲应该学习日本而非欧美，日本本身也如此认为，但实际状况并非这样。

此外，日本企业还认为由于亚洲亲和性高，距离近，对自己更为有利，认为日本流行的东西在发展中国家也必然会流行。包括时尚和娱乐在内，日本自认为是亚洲的中心，更认为日本所制造的商品永远具有竞争力，因此作为先行者的日本产业会处于有利地位。

实际却并非如此，各国都在以其固有的方式发展。认为"日本先行发展所以处于有利地位"的想法只不过是幻想，甚至可以说这反而会使其处于不利地位，也就是所谓的加拉帕戈斯化（注：日本商业用语，指在孤立的环境下，独自进行最适化而丧失和区域外的互换性，面对来自外部适应性和生存能力高的品种，最终陷入被淘汰的危险，以加拉帕戈斯群岛生态系作为警语）。换句话说，针对日本消费者制作的商品功能过剩、品质过剩、成本过高，只适用于日本市场。

"日本消费者是全世界最成熟的"，这种说法也许没错，但日本企业错在认为针对日本消费者来开发商品就能吸引全世界的消费者。换句话说，就是从一开始没有站在发展中国家的消费者立场去考虑商品战略。

对商品制造优势过于自信

战略错误意味着日本企业对"商品制造优势"过于自信。日本企业擅长的是让供应商也参与商品制作的"协作式"方法,但随着数字技术的发展,通过批量生产标准品来大量销往市场的商业模式已成为可能,日本企业却无法跟上这种技术和商业模式的变化。

此外,日本企业还具有"商品信仰",认为制作优质商品就一定能销售出去。但韩国三星为什么能以液晶显示器争得世界市场呢?除了技术先进之外,更重要的是世界性的销售能力。这在智能手机领域也一样。

而夏普自豪地以"世界的龟山"为口号推出的 AQUOS 显示器虽然在技术上具有优势,却没有像三星那样的世界性销售能力,于是遭遇了惨败。液晶显示器其实早已经商品化,海外消费者只会根据尺寸和价格来进行选择,但夏普还拘泥于技术上的差异,这显然弄错了竞争的本质。

当具备世界性的销售能力与市场营销能力,或者说当企业同盟和 M&A 已成为全球化战略的重要因素时,大多数日本企业却还在期待通过"制造更好的商品"来谋求生路。

隐性知识的界限

随着商品制造的界限呈一边倒的趋势,凭借与合作方的默契来进行商品改善的日本企业所擅长的"合作式"文化与"隐性知识"所带来的智慧型创造,在面对组织与经营的全球化时,显然已不再适用了。

要在全球化进程中发展事业，需要与不同人种、不同语言和不同宗教的人进行交流，而"隐性知识"是有其界限的，这也导致以日本文化为基础的日本企业的优势在全球化竞争中显示出了不足，也就是从优势变为了弱势。

6-2　全球化战略的基本

世界已经一体化吗?

记者托马斯·弗里德曼于1999年出版了一本名为《雷克萨斯与橄榄树》的书。雷克萨斯是丰田的一款汽车,也是拥有尖端技术的现代企业与科技的象征。橄榄树则多长在地中海沿岸,象征着扎根于地区的民族主义和宗教。

弗里德曼在《雷克萨斯与橄榄树》中讨论了推动全球化的经济理论与各地区的民族主义和宗教之间产生的冲突,该内容至今仍未过时。他在之后又出版了《世界是平的》,进一步阐述了全球化进程正以不可阻挡的趋势冲破国界。

但与弗里德曼的一体化主张相对的是,哈佛大学的盖莫沃特教授则表示"世界并没有如此同质化"。他认为虽然物品与金钱交易日益全球化,但现实世界中依旧存在多样的地区性文化,政治体制与宗教也各有不同,彼此存在各种障碍。通信和交通的发达虽然让人感觉缩短了世界的距离,但实际上仍有一些不可缩短的距离存在。

CAGE 框架

那么要在全球化进程中发展事业，应当以什么视角来分析世界并制定战略呢？盖莫沃特提出了 CAGE 框架。

CAGE 框架

Cultural Distance（文化距离）	・语言、文化、民族、宗教 ・历史习惯 ・生活习惯
Administrative Distance（制度距离）	・法制法规、税制 ・政治体制、腐败 ・货币、金融市场
Geographic Distance（物理距离）	・地理关系、时差 ・气候、风土 ・生活环境
Economic Distance（经济距离）	・经济规模、成长性、个人收入 ・经济、社会、产业基础建设 ・经济、人才、天然资源

出处：Ghemawat,P(2007)*Redefining Global Strategy*,Harvard Business School Press

全球化商业中也有各种障碍，盖莫沃特将其称为"距离"，可以将其大致分为四类。这四种距离包括文化距离（Cultural Distance）、制度距离（Administrative Distance）、物理距离（Geographic Distance）和经济距离（Economic Distance）。如何克服这四种距离是现今思考全球化战略时的基本命题。

所谓文化距离，举一个例子就是饺子王将撤出中国市场。日本的中华料理虽然符合日本人口味，但与正宗的中华料理是不同的。日本的饺子是配菜，所以有"饺子米饭"这个菜单，而且日本人喜欢脆脆的饺子皮。但中国的饺子是主食，是单独食用的。这就是饮食文化的不同。

文化的不同还体现在消费行为和生活习惯上，所以将本国的商品直接拿到别国出售是很难畅销的，必须克服地方文化的障碍。

制度距离包括税制、政治体制以及货币和金融市场的不同。

物理距离则是指虽然通信和交通已经十分便捷，但地理性的距离依旧很大，各地会有时差、气候和风土的差异。

经济距离包括经济规模、成长性、个人收入、产业基础建设、人才、天然资源等各种不同。这些都会给商业带来重大影响。

CAGE 框架虽然归纳并不完整，但作为一种整理方法，也希望各位能熟练使用。

三个 A

在 CAGE 的四种距离基础上，盖莫沃特又将全球化战略分为了三种模式，分别用三个 A 开头的关键词进行了归类。

其一是同化（Adaptation），即"彻底的地方化"。之前举了饺子王将的失败例子，如果不是将日本化的饺子直接搬到中国，而是改良成适合中国人口味的厚皮饺子的话，也许结果就会不同。像这种配合地区的做法就是同化。

配合地区的重点是什么呢？比如商品开发和市场营销战略都应当

以地区为主。换言之，就是构建分权和分散型的组织。

其二是聚合（Aggregation），即集约化、标准化，也就与同化相反，不拘泥于地区，尽可能地进行标准化，追求平台化。最理想的状况是一个产品能在世界范围内销售，iPhone 就是其中代表性的例子。

汽车当然也需要符合地区市场需求，但如果全部配合区域化会对成本和品质管理带来极大困难，因此对汽车底盘和引擎等都会做基本的标准化处理，虽然在推出市场时最终会做地区化改动，但本质仍在推进标准化和集约化。而这不仅限于产品，如 IT 和财务等能够集约化的业务也一样。重点在于在通过地区化应对区域需求的同时，也要利用集约化使成本和管理更有效率。

其三是判优法（Arbitration）。这原本是金融业界常用的单词，比如在银行利息较低时贷款，用于利润回报较高的地方，有"用在刀刃上"的意思。而这一概念同样也能用于事业发展，比如举个最简单的例子，即在低成本地区制造商品，再销往高价地区。这种做法如今已在大部分制造业中通用了。

这种判优法的思维也适用于文化领域。比如星巴克和迪士尼根植于美国文化，因而可以借由美国文化推广到全世界。

有趣的是，星巴克和麦当劳等企业在全球化进程中统一品牌和基本理念的同时，也会推出地区独有的商品。这就是判优法与地区化的结合。

欧洲高级品牌也会利用判优法。高级品牌大多是法国制或意大利制，凭借其固有的历史来提高价值，如果将其做地区化处理，让当地设计师来制造产品就失去了品牌意义。这就是利用文化差异来发展事业，从差异中寻找商机。

全球化战略的三种类型

Adaptation （地区化）	・发展事业时重视不同国家的地区性需求 ・商品的开发与销售以地区为主导 ・分权分散型组织
Aggregation （集约化、标准化）	・不拘泥于地区，尽可能地追求标准化、平台化 　例：汽车 ・全球化的商品开发和销售体制 ・多样的组织模式 　原产国中心（三星）、多国别分业（日产雷诺）
Arbitration （专门化）	・利用地区间的差异构筑扎根当地的商业模式 ・典型的就是利用成本差异的水平分业 　例：鸿海 ・文化等软资本的全球化发展也很显著 　例：星巴克

平衡

　　这三个 A 之间的平衡也是不可或缺的。即使应对区域需求的地区化是正确的选择，但如果过度的话会让管理复杂化，也必然会增加成本。同样，过度的集约化虽然能提高效率，但也会导致不符合地区需求的问题，因此控制其中的平衡是非常重要的。

Adaptation 与 Aggregation 之间的权衡（例）

	地区化 ←	→ 集约化、标准化
产品开发	适应地区需求、价格	全球化商品的世界推广
购买	当地调配＝机动性、降低成本	集中购买＝购买力最大化
事业计划	当地主导＝更符合现实，但容易过于保守	企业主导＝反映公司事业，更具挑战性
生产	当地生产＝机动性＋当地雇佣创造 问题在于 SCM、品质和劳动力的确保	集中生产、输出＝稳定生产、便于维持雇佣、降低汇兑风险
RD	当地 RD＝根据当地需求开发，选用当地人才，追求反向革新	中央研究所＝活用积累的知识，并在这一过程中进一步积累经验
管理	当地主导＝市场开拓力、速度最大化，但也伴随着分散化带来的经营复杂化，商品种类过多，以及高成本等	中央集权＝虽然能有效控制成本，但在销售速度和反映市场需求方面存在劣势

　　本田曾在印度市场屡遭挫折，近年却连续投入好车并一口气占领了市场。其中究竟发生了什么呢？本田以前基本都是在日本思考战略，再将在日本设计的产品投放世界市场。或者在日本去理解区域需求，再设计地区化的产品外销。但这不仅速度慢，而且成本高，于是本田最终改变了商业模式，从在日本设计再输出的方式转为了在印度设计、在印度调配、在印度组装，最后在印度销售的方式，通过修正 3A 的平衡获得了成功。

卓越中心

判优法不仅适用于星巴克或高级品牌的商品。产品制造的技巧，制成后的运用，总之作为企业优势的各种东西都能成为判优法的源泉。

比如7-11原本是美国的连锁便利店与伊藤洋华堂合作在日本推出的，由于之后的运营彻底日本化，所以成了重要的资产，占据了竞争优势地位，如今已在整个亚洲范围内推广。此外还有日本大和运输（Yamato）也采用了同样的方式。总之，在日本运营的经验智慧是企业竞争上的资产，可以尝试判优法。

像这样以判优法为基础，创造出独有优势的产品也被称作"卓越中心"。应该如何创造自身企业的卓越中心呢？创造之后再特定、强化和宣传它，然后进行再生产。要通过判优法得出成果，如何构筑本公司的卓越中心是关键所在。

从 CAGE 到三个 A

总结一下以上内容。

首先根据 CAGE 框架来试着写出所有距离（障碍）。调查文化、制度、物理以及经济上的不同是如何形成的，并思考该如何突破这些距离。

接着考虑本公司的组织，取得三个 A 的平衡，思考在业务流程中，事业计划、商品开发、商品生产、购买、销售和供应中的哪些应该地区化，哪些应该由中央决定。

这时要弄清什么是自己的卓越中心，自己的优势究竟是生产、开发还是销售。弄清之后有针对性地进行强化，并往全世界推广。

以上就是整理全球化战略时应当注意的要点。

总公司的职责与回旋镖效应

在推进全球化的进程中，整理总公司与地区的关系是尤为重要的。研究这一议题时应当自问"本公司的职责是什么"。通过 M&A 收购的企业增多也就意味着控股公司型的管理开始变得更为重要，那么这时总公司应该做些什么呢？

总公司大致可分成两种功能。其一是战略功能，包括企划、财务、人事和知识产权等战略核心部门都在总公司，所以有必要强化该功能。

总公司的另一个职责是整顿作为组织整体平台的共通功能。会计、人事管理、IT 或购买部门等是其中的代表，它们是能让全球化经营更有效率的关键所在，因此要尽可能地在全球化中实现共通。不过担负这些功能的部门并不一定要在物理层面进入总公司的组织内，也可以外购或使用专门的供应商，总之要思考哪种方式是最合适的，这一点非常重要。

此外不要忘记在全球化战略中，日本也是市场之一。日本企业在对海外企业实行 M&A 时，大多数情况下都会产生回旋镖效应。所谓回旋镖效应，是指作用于他人的效果最终回到自己身上。比如在收购海外企业并讨论如何改善该公司业绩时发现"从收益性来看日本是最低的，应该优先对日本进行改革"。换言之就是要推进全球化，就要将日本的事业和组织改革放入整体来考虑,这也是推进日本企业全球化的一大论点。

确保全球化人才

最后再简单地谈谈人才问题。日本企业要确保能应对全球化战略的人才,不仅要将日本员工培养成全球化人才,还应该考虑如何引进海外的优秀人才。

坦率地说,就其现状来看,日本企业对世界性的优秀人才而言并不具备多大吸引力。这显然是非常不利的,因为要从全球化竞争中取胜,确保不分国籍和民族的优秀人才是先决条件。

这说起来容易,但日本企业具有扎根于日本人价值观和体制的固有组织文化,也有自己独有的人才培养方法,要让欧美人才或发展中国家人才等不同文化圈的人在日本企业组织中活跃,不是一件易事。如何让不同文化并存,如何创造在新全球化下统一的企业文化,是亟待克服的难题。

全球化人才所需的资质与能力

那么究竟什么才是全球化人才呢?我整理了一些个人认为的重点。

其一是具有以世界为主体的思维习惯。例如"这个产品如果不是在日本而是在其他国家制作会怎样""海外企业会采取怎样的手段"等想法,即以全球性视野去思考组织和管理方法。

其二是能在逻辑性、战略性、现实性这三者之间找到平衡。由于要和不同文化的人共事，所以具有逻辑性是非常重要的，只要逻辑清晰，即使语言有障碍也能沟通，在解决复杂课题时也必须具备逻辑性思维。此外，要创造出长期对自身有利的事业，战略性也是不可或缺的。而从现实角度去思考有可能实现的计划也很重要，即实用主义。

全球化人才

思维	具备世界角度的思维方式
思考	能在逻辑性、战略性、现实性之间取得平衡
知识	具备能理解全球化的明确视角以及教养
行为	设定主体目标并能得出成果
共鸣能力	尊重不同文化和价值观，能够与多样化的人才构筑信赖关系

其三是好奇心与知识。在与全世界各色各样的人进行商业贸易时，最好具备与世界形势和世界历史相关的知识。此外还要关注并学习世界上发生的各种大小事，具有教养和知识有助于构筑信赖关系。

其四当然是行动力。不靠猜测，而是直接去往现场，从各种错误尝试和失败中学习，以此获得最终成果的行动力。

最终则是尊重并接受不同文化和价值观，能促进人行动的共鸣能力、共情能力。能接受多样的价值观和习惯，与不同国籍、宗教和人种的人构筑信赖关系的能力。这也是作为全球化人才，作为真正的地球人的资质。

作者简介

长谷川博和

早稻田大学商学院教授

毕业于中央大学商学部,修完早稻田大学亚洲太平洋研究科博士后期课程,博士(学术)。证券分析师。国际家族事业综合研究所所长。1984年进入野村综合研究所。自1993年起赴任风险资本的芝加哥投资调查部。1996年设立全球风险资本,现在任会长。参加了启动阶段的企业培养、风险企业的经营等多种计划。著作有《风险管理[事业创造]入门》(日本经济新闻出版社)、《风险资本家的实务》(东洋经济新报社)等。

樋原伸彦

早稻田大学商学院准教授

1988年毕业于东京大学教养学系。获得美国哥伦比亚大学研究院 Ph.D(经济学)。曾任职东京银行(现三菱东京 UFJ 银行)、世界银行咨询公司、通商产业省通商产业研究所(现经济产业省经济产业研究所)客座研究员、美国哥伦比亚大学商学院日本经济经营研究所助手、加拿大萨斯喀彻温大学商学院助教,2006年任立命馆大学经营学系准教授。2011年至今任现职。著作有《创造高科技产业的地区生态系统》(合著,有斐阁)等。

平野正雄

早稻田大学商学院教授

1980年东京大学研究院硕士(工学系),1986年斯坦福大学研究院毕业(工学系),2008年东京大学研究院工学博士。1980年进入日挥,从事设备工程业务。1987年至2007年任职于麦肯锡咨询公司,担任经营咨询顾问,在此期间还兼任公司合伙人、日本分社长等。2007年就任凯雷投资日本的共同代表,从事针对日本企业的私人股权投资工作。2012年至今任现职,同时兼任东京大学研究院不定期讲师。著作有《麦肯锡组织的进化》(diamond 社)等。

浅羽茂

早稻田大学商学院教授

1985年毕业于东京大学经济学系。1990年获得东京大学研究生院经济学研究科硕士学位，1994年获得博士学位（经济学）。1999年在美国加利福尼亚大学洛杉矶分校完成博士课程，Ph.D(Management)。曾担任学习院大学经济学科教授等，2013年起任现职。著作有《思考企业战略》（合著，日经文库）、《经营战略的经济学》（日本评论社）、《日本企业的竞争原理》（东洋经济新报社）、《竞争与合作的战略》（有裴阁）等。

今村英明

早稻田大学商学院客座教授
信州大学学术研究院（社会科学系）教授

1979年毕业于东京大学经济学系。1991年获得斯坦福商学院工商管理学硕士（MBA）。1979年进入三菱商事。1991年至2010年就职于波士顿咨询公司（The Boston Consulting Group，BCG），从2010年起曾担任高级合伙人、常务董事、日本法人代表董事、上海事务所所长等，直至现职。著作有《锻炼法人营业"力"》（东洋经济新报社）、《崩坏的组织都有"前兆"（PHP研究所）》等，合译作品有《变革之魂》（东洋经济新报社）。

根来龙之

早稻田大学商学院教授

毕业于京都大学文学部，庆应义塾大学研究生院经营管理研究科硕士（MBA）。曾就职于钢铁制造业、文教大学，担任过英国赫尔大学客座研究员，2001年起至今担任现任职位。现为早稻田大学商学院主任（总责任人），同时也担任早稻田大学IT战略研究所所长。曾任经营情报学会会长、国际CIO学会副会长、CRM协议会副理事长。主要著作有《事业创造的逻辑》（日经BP社）、《平台事业最前线》（监修，翔泳社）、《替代品战略》（东洋经济新报社）、《网络经济的经营战略》（合著，日科技连）等。

出版说明

"早稻田 MBA 系列"丛书以早稻田大学开设多年的经典商业课程为蓝本,经多位授课教授整理、归纳、完善,旨在通过系统的讲解和来自大厂一线的案例,帮助读者立竿见影地提高业务能力。

众所周知,引进版图书的出版周期长,因为审批和翻译都需要较长时间。这就要求引进版图书的内容具备跨越时间的经典性,实际上这也是大多数出版方一直以来的思路。

显然,该丛书也具备这一特质。早稻田 MBA 商业课程多年来一直是该校商学院人气和口碑双优的经典课程;授课老师经验丰富、解读深入浅出,且都参与了丛书的撰写工作;丛书中所引案例皆为著名公司的真实案例,这也为丛书中的理论和方法提供了实际的参考。其中部分案例来自最早开课时的讲授内容,因其代表性且涉及内容不受时间影响,故保留,似乎也可作为该丛书略具经典性的佐证。

此外,因为原课程是日语课程,作者团队也是日文写作,所以原书中的许多表述和案例多采用日语读者的立场。对此,在译、编过程中,我们进行了部分优化,在不影响原意的前提下淡化了语言、文化的差异;仍有部分内容修改后或表述差异过大或导致阅读难度增加,经对比后保留原表述方式。请读者朋友在阅读时注意。